HISTÓRIA DE UM SONHO

BEZERRA DE MENEZES

SOB O PSEUDÔNIMO MAX

Publicado originalmente
em *Reformador*
(1896-1897)

HISTÓRIA DE UM SONHO

Copyright © 2009 *by*
FEDERAÇÃO ESPÍRITA BRASILEIRA – FEB

1ª edição – Impressão pequenas tiragens – 1/2025

ISBN 978-85-7328-639-7

Todos os direitos reservados. Nenhuma parte desta publicação pode ser reproduzida, armazenada ou transmitida, total ou parcialmente, por quaisquer métodos ou processos, sem autorização do detentor do *copyright*.

FEDERAÇÃO ESPÍRITA BRASILEIRA – FEB
SGAN 603 – Conjunto F – Avenida L2 Norte
70830-106 – Brasília (DF) – Brasil
www.febeditora.com.br
editorial@febnet.org.br
+55 61 2101 6161

Pedidos de livros à FEB
Comercial
Tel.: (61) 2101 6161 – comercial@febnet.org.br

Adquirindo esta obra, você está colaborando com as ações de assistência e promoção social da FEB e com o Movimento Espírita na divulgação do Evangelho de Jesus à luz do Espiritismo.

Dados Internacionais de Catalogação na Publicação (CIP)
(Federação Espírita Brasileira – Biblioteca de Obras Raras)

M543h   Menezes, Adolfo Bezerra de, 1831–1900
         História de um sonho / Bezerra de Menezes sob o pseudônimo Max; [organizado por Geraldo Campetti Sobrinho]. – 1. ed. – Impressão pequenas tiragens – Brasília: FEB, 2025.
         164 p.; 21 cm – (Coleção Bezerra de Menezes; 5)

         Inclui referências
         "Publicado originalmente em *Reformador* (1896–1897)"

         ISBN 978-85-7328-639-7

         1. Ficção espírita. 2. Espiritismo. I. Campetti Sobrinho, Geraldo, 1966–. II. Federação Espírita Brasileira. III. Título. IV. Coleção.

CDD 133.9
CDU 133.7
CDE 80.02.00

Coleção Bezerra de Menezes

1. *Evangelho do futuro* • ROMANCE
2. *A casa assombrada* • ROMANCE
3. *Lázaro, o leproso* • ROMANCE
4. *A pérola negra* • ROMANCE
5. *História de um sonho* • ROMANCE
6. *Casamento e mortalha* • ROMANCE INACABADO
7. *Os carneiros de Panúrgio* • ROMANCE
8. *Uma carta de Bezerra de Menezes* • ESTUDO
9. *A loucura sob novo prisma* • ESTUDO
10. *Espiritismo: estudos filosóficos, 3 volumes* • ESTUDO[1]

SUPERVISÃO: Geraldo Campetti
COORDENAÇÃO EDITORIAL: Jorge Brito

COLABORADORES
Ariane Emílio Kloth
Beatriz Lopes de Andrade
Délio Nunes dos Santos
Luciana Araújo Reis
Marta Dolabela de Lima
Odélia França Noleto
Raphael Spode
Renato Cunha
Rubem Amaral Júnior
Wilde Batista Valério

---

[1] Esta edição terá 168 novos estudos não incluídos na edição da FEB de 1907. O material dos três volumes, localizado por meio de pesquisa na Biblioteca da FEB e em jornais da época, totaliza 484 estudos.

SUMÁRIO

Prefácio 9

Capítulo I 11

Capítulo II 15

Capítulo III 19

Capítulo IV 25

Capítulo V 31

Capítulo VI 37

Capítulo VII 43

Capítulo VIII 49

Capítulo IX 55

Capítulo X 61

Capítulo XI 65

Capítulo XII 69

Capítulo XIII 75

Capítulo XIV 81

Capítulo XV 85

Capítulo XVI 91

Capítulo XVII 95

Capítulo XVIII 99

Capítulo XIX 103

Capítulo XX 107

Capítulo XXI 111

Capítulo XXII 115

Capítulo XXIII 119

Capítulo XXIV..123

Capítulo XXV...127

Capítulo XXVI 131

Capítulo XXVII 135

Capítulo XXVIII...139

Capítulo XXIX 143

Capítulo XXX 147

Apontamentos biobibliográficos — Adolfo Bezerra de Menezes 151

Bibliografia — Ordem cronológica crescente.................................... 157

PREFÁCIO

NOVO ROMANCE[2]

O que começamos a publicar hoje, ainda escrito por MAX, tem seu enredo no planeta Vênus, cujos tipos e descrições são apanhados nos ensinos dos Espíritos.

É, pois, um romancete essencialmente espírita, servindo de motivo à explanação de várias das principais teses da Doutrina Espírita.

Preenche dois fins: entretém como romance e instrui como trabalho doutrinário.

O espírita não perderá tempo lendo-o, e o que não o é, sempre colherá alguma coisa, sabendo como resolvem-se importantes questões que agitam a Humanidade, pelo Espiritismo.

O autor não procurou vazar seu trabalho nos moldes de qualquer escola romântica e literária. Seu plano foi simplesmente instruir nos princípios da nova Doutrina, e para isto deu a forma romântica e desenvolveu-a em linguagem singela, ao alcance de todas as inteligências.

O leitor espírita já conhece o estilo de MAX: trazer as questões mais intrincadas ao alcance de qualquer (um) sem se preocupar com a forma.

Pois é nesse estilo que está escrito o romancete, que se denomina:

HISTÓRIA DE UM SONHO.

---

[2] *Reformador*, seção "Notícias", 1º de junho de 1896.

CAPÍTULO

I

Que linda tarde! O céu em azul, semeado de brancas nuvens, dispostas em formas caprichosas. A terra, até onde chegava a vista, parecia um tapete verde, matizado dos mais diversos tons: era a estação das flores. Do meu ponto de vista, eu divisava risonhas planícies, limitadas por altas montanhas, revestidas da cor do firmamento por serem bem distantes. De uma floresta vizinha, subiam aos ares e espalhavam-se pelo espaço sons harmoniosos, vindos de mil espécies de cantores, que se despediam do dia, erguendo, de seus inocentes peitos, hinos de graça ao Criador de todos os seres.

Junto a mim, em torno de minha casinha branca, corriam alegres anjinhos louros, que eram meus desvelos. Sentado à varanda, eu apreciava todas essas belezas da Criação, enquanto o astro do dia corria em busca da filha do oceano, esposa de Netuno, a bela Anfitrite. Era o crepúsculo da tarde: luz fugindo para cima das montanhas, sombras correndo a ocupar a superfície da terra, por aquela abandonada. Em pouco, seria noite. Lá, no Extremo Oriente, a Lua surgia cautelosa, para que não a descobrisse o astro rei, cujos amores procura sempre em vão surpreender.

Cessou a música silvestre, que me sensibilizava, e fixei a vista na bela estrela, companheira da casta Diva, que o povo chama de estrela dos pastores, e que os sábios denominam

Vênus. Fitei-a e senti-me arrebatado por um desejo ardente de vê-la tão nítida quanto via a Terra. Conjeturando tal hipótese e desprendendo-me de todas as maravilhas que ainda há pouco me extasiavam e que o véu da noite me ia roubando, caí numa espécie de sono, que não era dormir nem estar acordado, era dormitar. Dormitando, eu tinha os olhos fixos na linda estrela e sonhava com ela. Parecia que todo o meu ser se fendia num pensamento alado, que voava às regiões etéreas, sem que me desligasse do corpo.

Compreendi que sonhava, ou antes, que, durante o sono, eu desprendera da matéria corporal e vagava pelo espaço. Oh! eu tinha perfeita compreensão do fenômeno e da lei que o regia. Louvei a Deus, que permitiu ao pobre mortal deixar, por momentos, a pesada casca, para, livre das peias, conviver com os entes queridos já libertos da prisão terrestre. Mas eu estava no Espaço e, ali, não encontrava sequer pessoas desconhecidas. É que eu adormecera com o pensamento fixo de devassar os mistérios da bela estrela que encontrara.

De fato, eu não cessava de subir e subia sempre na direção em que a vi, certa vez, mais brilhante e já muito volumosa, como se nos apresentava a Lua cheia ou o Sol. O ar que eu cortava, em meu voo, por aqueles desertos etéreos, progressivamente, ia se rarefazendo e resfriando; porém nada me molestava, antes, me causava prazer, o que não aconteceria se estivesse em meu corpo, meu aparelho orgânico. Subi, subi, sempre em busca da estrela sem encontrar viva alma, sem ouvir o mínimo ruído que denunciasse vida naquelas paragens. Não via ser algum, mas divisava, por meio da disponibilidade do éter, horizontes infinitos, iriados e esclarecidos por luzes, que nós, da Terra, nem imaginar podemos.

Capítulo I

Oh! grandeza infinita do Criador! Esta manchinha que vemos e admiramos está para os espaços sem limites o que um grão de areia está para toda a Terra. É exata a relação do que vemos para o que não vemos; porém mais diminuta, infinitamente mais, é a relação entre as belezas que apreciamos e as que estão fora de nosso alcance.

Eu vi, nos páramos daqueles horizontes infinitos, mundos aos milhões como arquipélagos de ilhas sem conta, espalhadas pela superfície de um oceano infinito. Um daqueles grupos tinha por centro um Sol resplandecente de luz etérea, que não tenho a que comparar na Terra. Outros tinham dois sóis, que espargiam luz de espécie muito mais sublimada que a do primeiro. Vi mesmo sistemas planetários com quatro sóis ou centros, que emitiam luz ainda mais rara. Tudo, aquela multidão de sistemas e mundos, se movimentava no espaço iriado com uma cadência, uma ordem, uma regularidade que pareciam impossíveis à nossa fraca e incipiente compreensão.

Não sei se foi ilusão: lá, no alto dos céus — e eu já estava muito distanciado da Terra — divisei um globo de luz, clara de escurecer a neve, que se movimentava independente de qualquer centro, não sendo, ele mesmo, centro de sistema algum. Cogitei profundamente sobre o que vira, sem poder, contudo, definir aquele espécimen maravilhoso em relação aos que eu havia encontrado e descoberto até ali. Movia-me a curiosidade de saber, embora de mim não saísse o menor lume a esclarecer-me.

Do Infinito — pois que ninguém havia junto a mim — chegou-me uma voz que disse: aquele mundo é fluídico, é a morada dos eleitos, e, acima dele, em brilho e em condições de felicidade, há um número sem conta, até chegar ao sólio sacratíssimo, onde assistem a justiça e o amor infinitos. De onde veio aquela voz? Ou veio do Infinito ou, então, eu era acompanhado por seres invisíveis.

Não sei por que aquele pensamento me causou pavor; mas o certo é que o senti e, só então, refleti na minha singular posição de viajante sem companhia pelos espaços infinitos. Veio-me ao pensamento evocar o Espírito que me dirigia a palavra de modo tão misterioso e, com o maior respeito, disse-lhe: "se és amigo, dá-me a ver tua face". Mal constituíra a frase, vi rasgar-se a meus olhos um véu tenuíssimo, e, súbito, apareceu-me um vulto majestoso com a fisionomia de anjo e o olhar ungido de tanta bondade que me encheu de celestiais alegrias.

— Li teu pensamento e dei-te asas para voar até onde estava teu objetivo, porque tua intenção era pura, e teu desejo, útil. Conquanto sempre ao teu lado estive, deixei-te só para estudares, por ti mesmo, todas estas maravilhas que te têm deslumbrado. Agora, porém, que és chegado ao limite etéreo do planeta que habitas e que evocastes, descobri-me e aqui me tens.

— Quem és que me enches de doces alegrias e que até pareces ser meu velho conhecido?

— Sou, de fato, e de longos evos, teu conhecido e, mais do que isso, teu protetor, em uma longa peregrinação pelos mundos de dor. Sou Bartolomeu dos Mártires.

— O arcebispo de Braga?

— Ele mesmo, e, antes, olha-me bem.

— Reconheço-te!... Meu pai... mas oh! meu corpo me chama. Traze-me outra vez aqui, eu te suplico.

CAPÍTULO

II

Minha mulher, um anjo que Deus me deu por companheira, sempre solícita, vendo cair a noite, um pouco fria, devido à viração que sussurrava nas folhas das árvores do bosque vizinho, veio convidar-me a deixar a varanda àquela hora.

Encontrando-me reclinado a dormir, parou junto a mim, a contemplar-me em êxtase de puro amor, que lhe enchia o coração tão casto quanto o ar. Quase esquecida estava do fim que a trouxera ali e, por ventura, muito tempo assim permaneceria, não fosse a estrepitosa chegada das crianças, tocadas pela escuridão da noite. Rita estava em êxtase, mas não vagava pelo espaço como eu. Despertou-se e despertou-me, chamando-me docemente, para não me acordar em sobressalto.

Naquele momento, devido à imperiosa necessidade de acudir à sua evocação, recebi, lá nas alturas, pelo fio perispiritual que me prendia à matéria, a intimação, sempre irresistível, de atender, sem demora, aos reclamos do corpo físico. Acordei soluçando, sem poder definir a causa de tão profunda emoção. Qualquer que fosse, porém, não seria de natureza deprimente, pois que eu me sentia repleto de inocentes e indizíveis alegrias. Mistérios desta vida! Pobres criaturas que, em seu orgulho de saber, sequer conseguem explicar o que se passa à sua volta!

Acordei soluçando como quem verte lágrimas de prazer, de contentamento. Mas por que soluçava? Evidentemente, em meu curto sonho, falara com alguém, vira alguma coisa que me sensibilizou e me enterneceu agradavelmente. Um sábio contentar-se-ia em dizer que se tratava do efeito de sugestão, como inúmeras vezes se contenta com uma palavra que nada explica e, assim, julga ter explicado altos segredos, sem refletir, contudo, que resolve a incógnita com outra incógnita, cujo único alcance é dar cor de sabedoria à sua ignorância.

Eu, porém, mesmo por me confessar ignorante, perguntarei ao sábio o que é sugestão e tenho a certeza de que ele me dirá muitas palavras sonoras, sem que consiga esclarecer-me por que a vontade de alguém pode imperar sobre a de outrem e de que modo isso ocorre. A palavra diz o fato, mas está muito longe de explicá-lo em si: sua natureza, sua origem, suas relações íntimas de efeito e causa, de causa e efeito. Dizer, pois, sugestão é falsear a questão e encobrir a própria ignorância com uma palavra campanuda que, tanto quanto aquela, precisa ser explicada: explicação que precisa de explicação, portanto.

Não me satisfiz com aquela explicação dos meus soluços; mas que importa, se não me foi dado desvendar o mistério? Fiz mil conjecturas, de que me resultou apenas, e por sumo esforço de concentração, a vaga intuição de ter feito uma longa viagem, por terras desconhecidas e tão distantes; de ter visto coisas singulares e extraordinárias; de ter conversado com um velho tão venerando, cujas lembranças, ainda agora, me fazem sentir tomado de respeitoso arrastamento.

Sonhos! sonhos! devaneios da alma! Uma palavra para encobrir o que não se sabe explicar. Aqui, porém, a carência de sentido não é tão completa como no caso dos

Capítulo II

grandes sabedores, pois a nova ciência explica a natureza e a razão do sonho. Dormimos e desprendemos do corpo físico, continuando, entretanto, a animá-lo por um fio ou cordão perispiritual visível. Livres, no espaço, em princípio, vamos aonde queremos, até mesmo a mundos inferiores, para onde, por ventura, nos atraem entes queridos de quem, enquanto encarnados, não temos lembranças.

De volta ao corpo, trazemos recordações ou simples reminiscências das cenas que presenciamos. Mas, como todas as faculdades da alma precisam dos órgãos corpóreos para se manifestar, a memória, no caso vertente, pode reproduzir as cenas que apreciou, nítidas, apagadas, mutiladas, segundo o estado do órgão que lhe serve: eis o que é o sonho. Minha memória não encontra, em meu cérebro, a atividade precisa para reproduzir nitidamente tudo o que vi e ouvi em meu passeio aéreo, durante aqueles sublimes momentos. Essa a razão de não me ser possível determinar a causa de haver acordado soluçando.

Bem quisera romper a névoa que envolvia aquele mistério; mas o que fazer senão resignar-me com a fraqueza do meu pobre cérebro, incapaz de traduzir as iluminuras nele gravadas?! Estas, guardava-as e sorvia-as deliciosamente. O misto, porém, o ser corpóreo a que chamamos homem, estava privado de tais felicidades. E é por isso, porque lhes sentia intuitivamente os perfumes, que soluçava de alegria, mas também soluçava de pena por não poder gozá-las franca e livremente.

Erguendo-me da cadeira, para acompanhar minha mulher e meus filhinhos, lancei um olhar tão expressivo à bela estrela, que nunca me parecera clara e brilhante quanto estava, e senti um fluido leve e suave como o respirar de um anjo. Tinha pena de deixá-lo; mas por quê?

No serão da família, em cujo seio bebi, sempre, inefáveis alegrias, por ventura as únicas verdadeiras que tenho gozado na vida, varri da mente todos os pensamentos que me preocupavam na varanda. Desaparece o passado com suas tristes ou alegres recordações, desaparece o futuro com suas aspirações e anseios. Tudo desaparece, quando se tem diante dos olhos o mais risonho quadro das venturas que se podem gozar na Terra: a convivência íntima e amorosa com a família, o oásis que o infinito amor plantou no meio do deserto de areia, incandescida pelos raios abrasadores do sol das expiações.

Feliz o peregrino que, cansado, chega a formoso sítio, onde lhe são dados o repouso tranquilo, a frescura balsamizante, a fonte de água límpida a saciar-lhe a sede. Mais feliz, ainda, é o que, fruindo esse dom, não se esquece de quem lho concedeu. Deus, que é puro amor e ama a seus filhos por igual, dá-lhes, com mão caridosa, tudo que alimenta a fé, dá asas à esperança, faz brotar, de seus seios, a gema da caridade, para que todos se elevem à sua casa.

Eu, que tenho sido pobre viajor por adusto deserto, louvo ao Senhor, porque me dispensa a graça de um oásis, onde possa fortalecer-me, para resistir aos tufões que me envolvem.

No gozo incomparável de apreciar as lacunas inocentes dos meus louros anjinhos e de repeti-lo com a querida e amorosa esposa, passaram as horas como se fossem instantes, e, repleto de puro contentamento, procurei o leito, para descansar das fadigas do dia. Seriam dez horas da noite. À Lua e à sua dama de honra pouco faltava para que atingissem o zênite.

Rodolfo Calligaris

⁓ PARÁBOLAS EVANGÉLICAS ⁓

à luz do Espiritismo

FEB

Copyright © 1963 *by*
FEDERAÇÃO ESPÍRITA BRASILEIRA – FEB

11ª edição – Impressão pequenas tiragens – 4/2025

ISBN 978-85-7328-644-1

Todos os direitos reservados. Nenhuma parte desta publicação pode ser reproduzida, armazenada ou transmitida, total ou parcialmente, por quaisquer métodos ou processos, sem autorização do detentor do *copyright*.

FEDERAÇÃO ESPÍRITA BRASILEIRA – FEB
SGAN 603 – Conjunto F – Avenida L2 Norte
70830-106 – Brasília (DF) – Brasil
www.febeditora.com.br
editorial@febnet.org.br
+55 61 2101 6161

Pedidos de livros à FEB
Comercial
Tel.: (61) 2101 6161 – comercial@febnet.org.br

Adquirindo esta obra, você está colaborando com as ações de assistência e promoção social da FEB e com o Movimento Espírita na divulgação do Evangelho de Jesus à luz do Espiritismo.

Dados Internacionais de Catalogação na Publicação (CIP)
(Federação Espírita Brasileira – Biblioteca de Obras Raras)

C158p   Calligaris, Rodolfo, 1913-1975

Parábolas evangélicas à luz do Espiritismo / Rodolfo Calligaris. – 11. ed. – Impressão pequenas tiragens – Brasília: FEB, 2025.

124 p.; 21 cm – (Coleção Rodolfo Calligaris)

ISBN 978-85-7328-644-1

1. Jesus Cristo – Parábolas. 2. Espiritismo. I. Federação Espírita Brasileira. II. Título. III. Coleção.

CDD 133.9
CDU 133.7
CDE 20.03.01

Oferecimento

A Jesus, o divino Mestre, cujas parábolas constituem o substrato, ou melhor, o único mérito destas páginas; a Kardec, o insigne codificador da Doutrina Espírita, à luz da qual tentamos a exegese de tão admiráveis textos evangélicos, nossa sincera homenagem e gratidão.

R. C.

Sumário

Oferecimento 5

1 — Parábola do semeador 9

2 — Parábola do joio e do trigo 13

3 — Parábola do grão de mostarda e do fermento 17

4 — Parábolas do tesouro escondido e da pérola 21

5 — Parábola da rede 25

6 — Parábola do credor incompassivo 29

7 — Parábola dos trabalhadores e das diversas horas do trabalho 33

8 — Parábola dos dois filhos 37

9 — Parábola dos lavradores maus 41

10 — Parábola das bodas 45

11 — Parábola das dez virgens 49

12 — Parábola dos talentos 53

13 — Parábola da candeia 57

14 — Parábola do bom samaritano 61

15 — Parábola do amigo importuno 65

16 — Parábola do avarento 69

17 — Parábola do servo vigilante 73

18 — Parábola da figueira estéril 77

19 — Parábola dos primeiros lugares 79

20 — Parábola acerca da previdência 83

21 — Parábola da ovelha e da dracma perdidas e do filho pródigo 87

22 — Parábola do mordomo infiel 99

23 — Parábola do rico e Lázaro 103

24 — Parábola dos servos inúteis 107

25 — Parábola do juiz iníquo 109

26 — Parábola do fariseu e do publicano 113

27 — Parábola da semente 117

I
Parábola do semeador

"Afluindo uma grande multidão, e vindo ter com Ele gente de todas as cidades, disse-lhes Jesus, por semelhança:

Saiu o que semeia, a semear a sua semente. E, ao semeá--la, uma parte caiu junto ao caminho, foi pisada e as aves do céu a comeram.

Outra caiu sobre pedregulho, onde não havia muita terra; nasceu depressa; mas, logo que saiu o Sol, entrou a queimar-se, e, como não tinha raiz, secou.

Outra caiu entre espinhos, e logo os espinhos que nasceram com ela a afogaram.

Outra, finalmente, caiu em boa terra, vingou, cresceu, e alguns grãos deram fruto a trinta, outros a sessenta, e outros a cem por um.

Dito isto, começou a dizer em alta voz: O que tem ouvidos de ouvir, ouça.

Então os seus discípulos lhe perguntaram que queria dizer essa parábola, e Ele, explicando-a, lhes respondeu:

A semente é a palavra de Deus.

A que cai à beira do caminho são aqueles que a ouvem; mas, depois, vem o mau e tira a palavra de seus corações, para que não suceda que, crendo, sejam salvos.

A que cai no pedregulho significa os que recebem com gosto a palavra quando a ouvem; mas, não tendo raízes, em sobrevindo a tribulação e a perseguição por causa da palavra, logo se escandalizam e voltam atrás.

Quanto a que caiu entre espinhos, são os que ouvem a palavra; mas os cuidados deste mundo, a ilusão das riquezas e as outras paixões, a que dão entrada, afogam a palavra, e assim fica infrutuosa.

A que caiu em boa terra são os que, ouvindo a palavra com coração reto e bom, a retêm e dão fruto com perseverança." (Mateus, 13:1 a 23; Marcos, 4:1 a 20; Lucas, 8:4 a 15.)

Nesta interessante parábola, Jesus retrata magistralmente o feitio moral de cada um daqueles aos quais o Evangelho é anunciado.

Conforme a sua má ou boa vontade na aceitação da palavra de Deus, e a maneira como procedem após tê-la ouvido, os homens podem ser classificados como "beira do caminho", "pedregal", "espinheiro" ou "terra boa".

A primeira classificação refere-se aos indiferentes, isto é, aos indivíduos ainda imaturos, não preparados para tal semeadura, indivíduos que se expressam mais pelo estômago e pelo sexo e cujos corações se mostram insensíveis a qualquer apelo de ordem mais elevada.

A segunda diz respeito a uma classe de pessoas de entusiasmo fácil, que, ao se lhes falar do Evangelho, aceitam-no prontamente, com júbilo; mas, não encontrando, dentro de si mesmas, forças suficientes para vencerem o comodismo, os vícios arraigados, os maus desejos etc., sentem-se incapazes de empreender a reforma de seus hábitos, a melhora de seus sentimentos, e, se acontece surgirem incompreensões e dificuldades por causa da doutrina, então esfriam de uma vez, voltando, presto, ao ramerrão de vida que levavam.

Os da terceira espécie são aqueles que, embora já tenham tido "notícias" dos ensinamentos evangélicos, e os admirem, e os louvem até, sentem-se, todavia, demasiadamente presos às coisas materiais, que consideram mais importantes que a formação de uma consciência espiritual. O medo do futuro, a luta pela conquista de garantias pessoais, vantagens e luxuosidades sufocam, no nascedouro, os sentimentos altruísticos ou qualquer movimento de alma que implique a renúncia aos seus queridos tesouros terrestres.

Os definidos por último personificam os adeptos sinceros, nos quais as lições do Mestre divino encontram magníficas condições de receptividade. Abraçam o ideal cristão de corpo e alma, e se esforçam no sentido de pô-lo em prática. Embora sofram tropeços e fracassem algumas vezes, perseveram, animosos, resultando de seu trabalho abençoados frutos de benemerência e de amor ao próximo.

"Quem tenha ouvidos de ouvir, ouça."

2
PARÁBOLA DO JOIO E DO TRIGO

"O Reino dos Céus – disse o Cristo – é semelhante a um homem que semeou boa semente no seu campo. Mas, enquanto os servos dormiam, veio um inimigo dele, semeou joio no meio do trigo e retirou-se.

Quando a erva cresceu e deu fruto, então apareceu também o joio.

Chegando os servos ao dono do campo, disseram-lhe:

— Senhor, não semeaste boa semente no teu campo? Donde, pois, vem o joio?

E ele lhes disse:

— Homem inimigo é que fez isso.

Os servos continuaram:

— Queres, então, que o arranquemos?

— Não – respondeu ele –, para que não suceda que, tirando o joio, arranqueis juntamente com ele também o trigo. Deixai crescer ambos juntos até à ceifa; e no tempo da ceifa direi aos ceifeiros:

— Ajuntai primeiro o joio e atai-o em feixes para o queimar, mas o trigo, recolhei-o no meu celeiro." (Mateus, 13:24 a 30.)

A significação dessa parábola parece-nos de uma nitidez meridiana.

O campo somos nós, a Humanidade; o semeador é Jesus; a semente de trigo – o Evangelho; a erva má – as interpretações capciosas de seus textos; e o inimigo – aqueles que as têm lançado de permeio com a lídima doutrina cristã.

Mas o divino Mestre fizera a boa semeadura, pregando e exemplificando o amor entre os homens, como condição indispensável ao advento de um clima de entendimento fraterno no mundo, eis que os supostos herdeiros de seu apostolado, açulados pelo egoísmo e pelo orgulho, começam a criar questiúnculas e dissensões.

A Religião do Bem, objeto de sua missão terrena, de uma simplicidade incomparável, fragmenta-se em dezenas de religiões mais ou menos aparatosas, com sacerdócio organizado, sustentando dogmas ininteligíveis, preconizando e mantendo cultos pagãos, exterioridades grotescas...

Surgem facções e subfacções, incriminando-se reciprocamente de heréticas, heterodoxas etc., e as que se tornam mais poderosas procuram eliminar as outras, afogando-as em sangue, aniquilando-as nas torturas e nas chamas das fogueiras...

E assim, em nome daquele que fora a personificação da tolerância, da bondade e da doçura, séculos pós séculos a discórdia lavra pela Terra, os filhos do mesmo Deus empenham-se em lutas fratricidas, e milhares de vítimas sucumbem aos golpes da mais estúpida e feroz odiosidade que tem incendiado os corações humanos!

Como pôde esse joio nascer e crescer de mistura com o bom trigo? É que, segundo a palavra de Jesus, os servos "dormiram", isto é, deixaram de "orar e vigiar", permitindo, assim, que o erro ganhasse raízes.

Contemplando essa confusão religiosa, muitos se admiram de que a Providência não a tenha eliminado do globo. Esse dia, entretanto, chegará.

O joio, ao brotar, é muito parecido com o trigo, e arrancá-lo antes de estar bem crescido seria inconveniente, por motivos óbvios. Na hora da produção dos frutos, em que será perfeita a distinção entre ambos, já não haverá perigo de equívoco: será ele, então, atado em feixes para ser queimado.

Coisa semelhante irá ocorrer com a Humanidade.

Aproxima-se a época em que a Terra deve passar por profundas modificações, física e socialmente, a fim de transformar-se num mundo regenerador, mais pacífico e, consequentemente, mais feliz.

Quando os tempos forem chegados, todos os sistemas religiosos que se hajam revelado intolerantes e opressores cairão reduzidos a nada, e todos quantos não se afinem com a nova ordem de coisas conhecerão o "fogo" da expiação em mundos inferiores, mais de conformidade com o caráter de cada um.

Por outro lado, as almas avessas à guerra, à maldade, ao despotismo, enfim, a tudo quanto tem impedido o estabelecimento da fraternidade cristã entre os homens de todas as pátrias e de todas as raças, estas hão de merecer o futuro lar terrestre, higienizado em sua aura astral e equilibrado em suas condições climáticas, gozando, finalmente, a paz, a doce e alegre paz, de há muito prometida às criaturas de boa vontade.

3
Parábola do grão de mostarda e do fermento

"O Reino dos Céus é semelhante a um grão de mostarda, que um homem tomou e lançou no seu campo.

Esse grão é, na verdade, a menor de todas as sementes, mas depois de crescida é a maior das hortaliças, e se faz árvore, de tal modo que as aves vêm fazer ninho em seus ramos.

O Reino dos Céus é semelhante ao fermento, que uma mulher tomou e escondeu em três medidas de farinha até que ficasse levedada toda a massa." (Mateus, 13:31 a 33.)

Temos aqui mais duas parábolas, pequeninas no texto, mas encerrando ensinamentos de grande relevância.

Em ambas, o Reino dos Céus é comparado aos fenômenos do crescimento e da expansão.

O grão de mostarda, tomado como símbolo na primeira, é, de fato, uma semente minúscula; mas, uma vez lançada à terra, auxiliada pela umidade, germina, deita raízes, pelas quais assimila os elementos de que necessita, projeta-se então para o ar livre, e agora, aos bafejos da luz e do calor solar, ramifica-se o seu caule, emite folhas, vai se desenvolvendo mais e mais, até que reproduz a planta da qual proveio, tornando-se a maior das hortaliças, em cuja ramagem as aves podem pousar e até fazer os seus ninhos.

Assim acontece com a implantação do Reino dos Céus na alma humana.

Seja por indiferença religiosa ou outras razões quaisquer, leva algum tempo para que ela adquira condições de receptividade favoráveis a tal evento. Mas, sentido que seja esse avivamento interior, com a assimilação do Evangelho em espírito e verdade, um incoercível impulso de ascensão marca-lhe novos rumos à existência.

Embora presa às inibições do erro e da imperfeição, vislumbra nos altos cimos as esferas resplandecentes e gloriosas onde outras almas, mais evoluídas, gozam a plenitude da felicidade, e essa visão encoraja-a, empolga-a, dando-lhe forças para trabalhar, sem esmorecimento, no próprio crescimento.

O estudo e a pesquisa dilatam-lhe os horizontes de percepção; adquire uma fé viva e inabalável, porque baseada no conhecimento; expande-se sua consciência espiritual; o esforço e a boa vontade levam-na às mais esplêndidas realizações no campo do Bem; e assim, num aperfeiçoamento diuturno, vem a constituir--se um ponto de apoio a outras criaturas, que dela se acercam, sequiosas de ajuda e refrigério para os seus males, como as aves buscam repouso na sombra amena e acolhedora do arvoredo.

Dia virá em que, de expansão em expansão, chegará a igualar--se ao divino modelo, tornando-se, então, uma alma cristianizada.

O fermento, a que se referiu o Mestre na segunda das parábolas em análise, colocado, igualmente, em pequena porção na massa de farinha, faz que, depois de algum tempo, toda ela fique levedada, determinando-lhe o crescimento, sem o que o pão se tornaria pesado, indigesto e, portanto, impróprio para o consumo, pelas fermentações e perigosos males que produziria no organismo.

O entendimento espiritual, semelhantemente, produz profunda e substancial modificação sobre todos os elementos da alma humana, transformando-os em preciosos fautores da evolução.

Fá-la compreender que uma estreita solidariedade nos liga uns aos outros, que é ilusório querer-se avançar sozinho, pois o que não beneficia a todos não beneficia realmente a ninguém.

Sem ele, porém, enceguecida pelos egoísmos pessoais, de classes e de raças, a Humanidade, desvirtuando o uso dos conhecimentos que possui, poderá resvalar para o abismo e para o caos, na mais terrível hecatombe de todos os tempos.

"Ainda que eu penetrasse todos os mistérios, e tivesse perfeita ciência de todas as coisas, se não tiver caridade, nada sou" – disse S. Paulo. (I Coríntios, 13:2.)

Busquemos, pois, a sabedoria, porquanto toda ciência é útil, mas busquemos em primeiro lugar aquilo que nos possibilite ajudar e servir ao próximo.

Assim fazendo, estaremos edificando, desde já, o Reino dos Céus em nossas almas.

~ 4 ~
Parábolas do tesouro escondido e da pérola

"O Reino dos Céus é semelhante a um tesouro que, oculto no campo, foi achado e escondido por um homem, o qual, movido de gozo, foi vender tudo o que possuía e comprou aquele campo.

É semelhante, ainda, a um negociante que buscava boas pérolas, e, tendo achado uma de grande valor, foi vender tudo o que possuía e a comprou." (Mateus, 13:44 a 46.)

Nestas duas parábolas tão singelas quão expressivas, Jesus compara o Reino dos Céus a "um tesouro oculto no campo" e a "uma pérola de grande valor", dizendo que aquele que tem a ventura de achá-los, é tomado de tal gozo que não titubeia em dispor de todos os seus haveres para adquiri-los.

Esse tesouro ou essa pérola, é bem de ver-se, não é senão a alma humana. "O Reino dos Céus está dentro de vós", dissera de outra feita o divino Mestre, deixando bem claro que o Reino celestial significa, não um lugar no espaço, mas algo que se verifica no íntimo de cada um.

Geralmente, procura o homem edificar a felicidade sobre as posses materiais, a ascendência social, a fama ou a saúde, mas estas coisas são precárias e incertas, pois podem durar, no máximo, uma existência, enquanto um terremoto, uma enchente, um incêndio, os azares da fortuna, uns micróbios em seu sangue ou determinado humor em seus fluidos orgânicos não as arruinarem por completo.

Jazem ocultas, a milhões de criaturas, coisas mais belas e grandiosas: os bens espirituais, que são, aliás, os únicos valores reais e duradouros, ante os quais aquilo tudo pouco ou quase nada importa.

Possuir esses bens espirituais, as virtudes cristãs, é conquistar o Reino dos Céus, porque o conhecimento e o amor de Deus nos fazem desfrutar tal estado de paz e de alegria que nada e ninguém conseguirá destruir ou perturbar.

Por isso, como diz a parábola, quando alguém "descobre" no campo de si mesmo esse tesouro de tão subido valor, que é a própria alma, e a sabe imortal, e fadada a alcançar o mais excelso destino: sua integração à única realidade absoluta – Deus! – todas as ilusões da materialidade, todas as gloríolas do mundo, e até mesmo o bem-estar do corpo físico, se tornam de somenos importância. Então, cheio de júbilo, sabendo que a felicidade verdadeira depende, não daquilo que se *tem*, mas daquilo que se *é*, vai "vender tudo o que possui", isto é, desprender-se das pseudopropriedades e distinções terrenas para cuidar precipuamente do enriquecimento de sua consciência espiritual, a mais preciosa das pérolas, cuja posse vale o sacrifício de todos os bens de menos valor, de tudo aquilo que considerava importante e valioso em sua vida.

*

Não se entenda, o que seria errôneo, que a posse dos valores espirituais seja incompatível com a posse das coisas materiais. Não. O que se quer salientar é que para o nosso progresso espiritual faz-se mister vivermos mais intensa e sinceramente em função dos ideais superiores, dedicando-lhes maior atenção do que às aquisi-ções materiais, que devem constituir-se apenas um meio de realizarmos os nossos objetivos, e não um fim em si mesmo.

Quem se disponha a assim proceder, sobrepondo os interesses da alma a quaisquer outros, não deve temer que lhe venha a faltar o necessário à subsistência, porquanto Jesus nos assevera, no seu Evangelho, que, "se buscarmos primeiramente o Reino de Deus e a sua justiça, *todas as outras coisas* nos serão dadas de acréscimo".

5
PARÁBOLA DA REDE

"Finalmente, o Reino dos Céus é semelhante a uma rede que foi lançada ao mar e apanhou peixes de toda a espécie.

Depois de cheia, os pescadores puxaram-na para a praia, e, sentados, puseram os bons em cestos, deitando fora os ruins.

Assim será no fim do mundo: sairão os anjos e separarão os maus dentre os justos, e os lançarão na fornalha de fogo, onde haverá choro e ranger de dentes." (Mateus, 13:47 a 50.)

Em que pese à doutrina das Igrejas tidas por ortodoxas, que afirma seremos salvos ou condenados segundo aceitemos ou rejeitemos a Jesus Cristo, pessoalmente, como nosso Salvador, esta edificante parábola – a última de uma série de sete, proposta pelo Mestre a seus discípulos – nos ensina, uma vez mais, que nossa aceitação ou rejeição no Reino dos Céus depende tão só e unicamente do cumprimento ou da negligência dos nossos deveres de amar e servir a Humanidade.

A simples crença ou incredulidade no poder de salvação pelo sangue do Cristo, em que essas Igrejas põem tanta ênfase, não têm a mínima influência na determinação de nossa sorte futura.

Admitido que assim fosse, a *maioria* da Humanidade estaria perdida, pois o Cristianismo só é conhecido e (mal) praticado por menos de um terço da população mundial.

A aceitação do Cristo como nosso redentor só tem eficácia quando se traduz em um esforço sincero e constante no sentido de reproduzir-lhe o espírito em nossa própria vida, ou seja, quando procurarmos modelar o nosso caráter pelo seu, pautando nossa conduta pelas diretrizes do Evangelho.

Aliás, todo o Novo Testamento está repleto de passagens que estabelecem categoricamente que o julgamento dos homens será baseado em seus feitos e não em sua fé.

A expressão "fim do mundo", usada pelo Mestre, não deve ser tomada em sentido absoluto, porquanto a Terra e todos os planetas do Universo são obras de Deus, e elas não foram feitas para morrer.

Significa, apenas, o fim deste ciclo evolutivo da humanidade terrena, com o desaparecimento de todos os seus usos, costumes e instituições contrários à moral e à justiça.

É o fim do mundo velho, com suas confusões, suas discórdias, seus convencionalismos, suas iniquidades sociais, seus ódios, suas lutas armadas, e o advento de um mundo novo, sob a égide da verdade, do bom entendimento, da lisura de caráter, da equidade, do amor, da paz e da fraternidade universal.

Os anjos são os mentores espirituais deste planeta, que velam pelo seu destino, aos quais estará afeta a expulsão dos maus: os açambarcadores, os avarentos, os déspotas, os corruptores, os devassos, os desonestos, os exploradores, os hipócritas, os ladrões, os libertinos, os maldizentes, os orgulhosos, os sanguinários, enfim, todos os que tenham feito mau uso de seu livre-arbítrio e hajam malbaratado as inúmeras oportunidades que lhes foram concedidas (por meio das reencarnações) para a realização de seu progresso espiritual.

A rede representa a lei de amor, inscrita por Deus em todas as consciências, e os peixes de toda a espécie apanhados por ela são os homens de todas as raças e de todos os credos, que serão julgados *de acordo com as suas obras*.

O texto é claríssimo nesse ponto, não deixando margem a qualquer dubiedade: "...e puseram os *bons* em cestos, deitando fora os *ruins*".

Quando, pois, o ciclo se fechar, a sorte dos justos será passar a um plano "à direita do Cristo", plano que aqui será implantado no correr do terceiro milênio, constituído de almas cristãs, afeitas ao bem, onde fruirão de imperturbável felicidade; e a dos maus, a de serem lançados na "fornalha de fogo", símbolo dos mundos inferiores, de expiação e de provas, onde terão que se depurar, entre lágrimas e dores, até que mereçam acesso a uma esfera melhor.

6
PARÁBOLA DO CREDOR INCOMPASSIVO

"O Reino dos Céus é comparado a um rei, que resolveu ajustar contas com os seus servos.

Ao fazê-lo, apresentou-se-lhe um que lhe devia dez mil talentos; mas, como não tivesse com que pagar, ordenou o seu senhor que vendessem a ele, a sua mulher, a seus filhos, e tudo o que tinha, para ficar quite da dívida.

O servo, porém, lançando-se-lhe aos pés, suplicou-lhe: Tem paciência comigo, que tudo te pagarei.

Então o senhor, compadecido daquele servo, deixou-o ir livre e perdoou-lhe a dívida.

Tendo saído o tal servo, encontrou um de seus companheiros, que lhe devia cem denários, e, agarrando-o, sufocava-o, dizendo: Paga o que me deves.

O companheiro, lançando-se-lhe aos pés, implorou: Tem paciência comigo, que tudo te pagarei.

Ele, porém, não o atendeu. Retirou-se e fez que o metessem na cadeia, até pagar a dívida.

Vendo, pois, os outros servos, o que se tinha passado, ficaram muito tristes e foram contar ao senhor tudo o que havia acontecido.

Então, o senhor chamou-o à sua presença e disse-lhe: Servo malvado, eu te perdoei toda aquela dívida porque me vieste rogar para isso; não devias tu também ter compaixão de teu companheiro, como eu tive de ti?

E, indignando-se, o seu senhor o entregou aos verdugos até que pagasse tudo quanto lhe devia.

Assim também meu Pai celestial vos fará, se cada um de vós, do íntimo do coração, não perdoar a seu irmão." (Mateus, 18:23 a 35.)

Esta parábola de Jesus é uma ilustração admirável daquela frase contida na oração dominical, em que Ele nos ensina a rogar ao Pai celestial: "perdoa as nossas dívidas assim como nós perdoamos aos nossos devedores".

O primeiro servo era devedor da quantia de dez mil talentos, soma fabulosa que, em nossa moeda, equivaleria hoje a uns duzentos milhões de cruzeiros.

Esse devedor, vendo-se ameaçado de ser vendido, e mais a mulher, os filhos, e tudo quanto possuía, para resgate da dívida, pediu moratória, isto é, um prazo para que pudesse satisfazer a tão vultoso compromisso, e o rei, compadecendo-se dele, deferiu-lhe o pedido.

Pois bem, mal havia obtido tão generoso atendimento, eis que encontrou um companheiro que lhe devia uma bagatela, ou seja, cem denários (aproximadamente quatrocentos cruzeiros) e, para reaver o seu dinheiro, não titubeou em usar de recursos violentos.

Lamentavelmente, esta é, ainda em nossos dias, a norma de conduta de grande parte da Humanidade. Reconhece-se pecadora, não nega estar sobrecarregada de dívidas perante Deus, cujas leis transgride a todo instante, mas, ao mesmo tempo que suplica e espera ser perdoada de todas as suas prevaricações, age, com relação ao próximo, de forma diametralmente oposta, negando-se a desculpar e a tolerar quaisquer ofensas, por mínimas que sejam.

Continua a parábola dizendo que o rei, posto a par do que havia acontecido com o segundo servo, mandou vir o primeiro à sua presença e, em nova disposição, após verberar-lhe a falta de comiseração para com o seu companheiro, determinou aos verdugos que o prendessem e o fizessem trabalhar à força "até que pagasse tudo quanto lhe devia".

Este tópico da narrativa evangélica é de suma importância. Revela, claramente, que há sempre um limite no pagamento das dívidas. Estas podem, algumas vezes, ser realmente muito vultosas, como no caso prefigurado – dez mil talentos! – mas, uma vez pago esse montante, o devedor fica com direito à quitação.

Semelhantemente, o pagamento de dez mil pecados pode determinar longos períodos de sofrimento, muitas existências expiatórias, mas, uma vez restabelecido o equilíbrio na balança da Justiça divina, ninguém pode ser coagido a ficar pagando *eternamente* aquilo de que já se quitou.

Jesus finaliza, afirmando: "Assim também meu Pai celestial vos fará, se cada um de vós, do íntimo do coração, não perdoar a seu irmão".

Disto se conclui que a vontade de Deus é que nos adestremos na prática do perdão e da indulgência, e, para estimular-nos à conquista dessas virtudes, a todos favorece com sua longanimidade e inexcedível misericórdia.

Àqueles, porém, que se mostram impiedosos e brutais nas atitudes que assumem contra os que os ofendem ou prejudicam,

~ Parábolas evangélicas ~

faz que conheçam, a seu turno, o rigor da Providência, a fim de que aprendam, por experiência própria, qual a melhor maneira de tratar seus semelhantes.

~ 7 ~
Parábola dos trabalhadores e das diversas horas do trabalho

Disse Jesus:

"O Reino dos Céus é semelhante a um pai de família que saiu de madrugada, a fim de assalariar trabalhadores para a sua vinha.

Tendo convencionado com os trabalhadores que pagaria um denário a cada um por dia, mandou-os para a vinha.

Saiu de novo à terceira hora do dia e, vendo outros que se conservavam na praça sem fazer coisa alguma, disse-lhes:

— Ide também vós outros para a minha vinha e vos pagarei o que for razoável.

Eles foram.

Saiu novamente à hora sexta e à hora nona do dia e fez o mesmo.

Saindo mais uma vez à hora undécima, encontrou ainda outros que estavam desocupados, aos quais disse:

— Por que permaneceis aí o dia inteiro sem trabalhar?

Disseram eles:

— É que ninguém nos assalariou.

Ele então lhes disse:

— Ide vós também para a minha vinha.

Ao cair da tarde, disse o dono da vinha àquele que cuidava dos seus negócios:

— Chama os trabalhadores e paga-lhes, começando pelos últimos e indo até aos primeiros.

Aproximando-se então os que só à undécima hora haviam chegado, receberam um denário cada um. Vindo a seu turno os que tinham sido encontrados em primeiro lugar, julgaram que iam receber mais, porém, receberam apenas um denário cada um.

Recebendo-o, queixaram-se ao pai de família, dizendo:

— Estes últimos trabalharam apenas uma hora e lhes dás tanto quanto a nós, que suportamos o peso do dia e do calor.

Respondendo, disse o dono da vinha a um deles:

— Meu amigo, não te causo dano algum. Não convencionaste comigo receber um denário pelo teu dia? Toma o que te pertence e vai-te; apraz-me a mim dar a este último tanto quanto a ti. Não me é então lícito fazer o que quero? Tens mau olho porque sou bom?

Assim, os últimos serão os primeiros e os primeiros serão os últimos, porque muitos são os chamados e poucos os escolhidos." (Mateus, 20:1 a 16.)

*

À primeira vista, pode parecer que Jesus, nesta parábola, esteja consagrando a arbitrariedade e a injustiça.

De fato, não seria falta de equidade pagar o mesmo salário, tanto aos que trabalham doze horas, como aos que trabalham dois terços, a metade, um terço ou apenas um duodécimo da jornada?

Sê-lo-ia, efetivamente, se todos os trabalhadores tivessem a mesma capacidade e eficiência. Tal, porém, não é o que se verifica. Há operários diligentes, de boa vontade, que, devotando-se de corpo e alma às tarefas que lhes são confiadas, produzem mais e melhor, em menos tempo que o comum, assim como há os mercenários, os que não têm amor ao trabalho, os que se mexem somente quando são vigiados, os que estão de olhos pregados no relógio, pressurosos de que passe o dia, cuja produção, evidentemente, é muito menor que a dos primeiros.

Uma vez, pois, que o mérito de cada obreiro seja aferido, não pelas horas de serviço, mas pela produção, que interessa ao dono do negócio saber se, para dar o *mesmo rendimento*, um precisa de doze horas, outro de nove, outro de seis, outro de três e outro de uma?

Malgrado a diversidade das horas de trabalho, a remuneração igual, aqui, é de inteira justiça.

Transportando-se esta parábola para o campo da Espiritualidade, o ensino não se perde; pelo contrário, destaca-se ainda mais. O pai de família é Deus; a vinha somos nós, a Humanidade; e o trabalho, a aquisição das virtudes que devem enobrecer nossas almas.

Para realizar esse desiderato, uns precisam de menos tempo, outros de mais, conforme cumpram, bem ou mal, os seus deveres.

O prêmio, entretanto, é um só: a alegria, o gozo espiritual decorrente da própria evolução alcançada.

Neste texto evangélico confirma-se, ainda que de forma velada, a doutrina reencarnacionista.

Os trabalhadores da primeira hora são os espíritos que contam com maior número de encarnações, mas que não souberam aproveitá-las, perdendo as oportunidades que lhes foram concedidas para se regenerarem e progredirem. Os trabalhadores contratados posteriormente simbolizam os espíritos que foram gerados há menos tempo, mas que, fazendo melhor uso do livre-arbítrio, caminhando em linha reta, sem se perderem por atalhos e desvios, lograram em apenas algumas existências o progresso que outros tardaram a realizar. Assim se explica por que "os primeiros poderão ser os últimos e os últimos serem os primeiros" a ganhar o Reino dos Céus.

Esta interessante parábola constitui, ainda, um cântico de esperança para todos. Por ela, Jesus nos ensina que qualquer tempo é oportuno para cuidarmos do aperfeiçoamento de nossas almas, e, quer nos encontremos nos albores da existência, quer estejamos, já, beirando a velhice, desde que *aceitemos*, com boa disposição, o convite para o trabalho, haveremos de fazer jus ao salário divino.

8
Parábola dos dois filhos

Um dia em que Jesus, tendo ido ao templo de Jerusalém, ensinava ao povo, anunciando-lhe o Evangelho, chegaram-se a Ele os príncipes dos sacerdotes, os escribas e os anciães, e o interpelaram com que autoridade fazia tais coisas.

O Mestre redarguiu com outra pergunta, a que não souberam responder, e, porque ficasse evidente a hipocrisia deles, lhes propôs, em seguida, esta parábola:

"Que vos parece? Um homem tinha dois filhos, e, chegando ao primeiro, lhe disse: Filho, vai trabalhar hoje na minha vinha. Ele respondeu: Não quero. Mas depois, tocado de arrependimento, foi.

Falou do mesmo modo ao outro, que, respondendo, disse: Irei, senhor. Mas não foi".

Dito isto, indagou: Qual dos dois fez a vontade do pai?

Responderam eles: o primeiro.

Jesus então os censurou com estas palavras: "Na verdade vos digo que os publicanos e as meretrizes entrarão primeiro que vós no Reino de Deus". (Mateus, 21:28 a 31.)

Parábolas evangélicas

Os dois filhos, nessa imaginosa e interessante parábola, constituem modelos das duas espécies de personalidade predominantes entre os terrícolas.

O filho que disse: não vou, mas depois, arrependido, foi, representa aqueles que, indiferentes aos ideais superiores, levam uma vida puramente mundana, deixando-se dominar pelos vícios e paixões que constituem o deleite de toda carne ainda não sujeita ao espírito.

Chega um dia, porém, em que, saturando-se das misérias da vida, enojados dos falsos prazeres, "caem em si", descobrem os gozos e as delícias que a alma pode sentir na virtude e na prática do Bem, e então, sinceramente arrependidos, se regeneram, transformando-se em obreiros da "vinha do Senhor".

O filho que disse: irei, senhor; mas não foi, personifica, a seu turno, os devotos sem obras, os que atravessam toda a existência procurando manter uma aparência de respeito e de religiosidade, que se mostram muito cuidadosos no tocante às "obrigações" estatuídas pelo culto tradicional, como se isso fosse "tudo", e, nessa enganosa suposição, não cogitam de vencer as suas fraquezas e imperfeições, nem se preocupam em realizar algo em benefício da coletividade.

Esses tais geralmente gozam de bom conceito, são tidos e havidos como pessoas inatacáveis, sentem-se orgulhosos e satisfeitos por isso; entretanto, não estão correspondendo ao chamado para o bom trabalho.

Incluem-se neste número os mentores religiosos de todos os credos, que deveriam guiar os membros de suas igrejas ao conhecimento da verdade e, com seus exemplos, edificá-los na observância às Leis de Deus, mas que, ou por desídia, ou porque se achem absorvidos em questões de interesse material, não cumprem a elevada missão de que estão investidos.

Por isso é que Jesus, dirigindo-se aos sacerdotes, escribas e anciães, cujos deveres eram precisamente esses, lhes disse, sem rebuços, que "os publicanos e as meretrizes lhes levariam a dianteira para o Reino de Deus".

Publicanos e meretrizes simbolizam, aqui, os grandes pecadores, aos quais a sociedade tem como réprobos desprezíveis e indignos de qualquer auxílio divino.

Não obstante, o Mestre declara que eles entrarão no Reino dos Céus antes daqueles que contam com a aprovação social e já se consideram "salvos".

É que esses pecadores, porque muito vêm a sofrer, adquirem sensibilidade, tornam-se acessíveis, e, quando tocados pelo amor, mudam de vida. Aproveitando, então, a experiência adquirida por meio de duras provas, alguns há que se tornam santos até, legando ao mundo exemplos admiráveis de verdadeiro renascimento espiritual.

9
PARÁBOLA DOS LAVRADORES MAUS

"Havia um proprietário, que plantou uma vinha, cercou-a com uma sebe, cavou ali um lagar, edificou uma torre e depois a arrendou a uns lavradores, ausentando-se para longe.

Ao aproximar-se o tempo dos frutos, enviou seus servos aos lavradores para receberem os frutos que lhe tocavam. Estes, agarrando os servos, mataram um, feriram outro e a outro apedrejaram, recambiando-os sem coisa alguma.

Enviou ainda outros servos, em maior número do que os primeiros, e fizeram-lhes o mesmo.

Por último, enviou-lhes seu filho, dizendo: Hão de ter respeito a meu filho.

Vendo-o, os lavradores disseram entre si: este é o herdeiro; vinde, matemo-lo e ficaremos senhores de sua herança. E lançando-lhe as mãos, puseram-no fora da vinha e o mataram.

Quando, pois, vier o Senhor da vinha, que fará àqueles lavradores?

Responderam-lhe: Destruí-los-á rigorosamente e arrendará a sua vinha a outros lavradores que lhe paguem os frutos a seu tempo devidos." (Mateus, 21:33 a 41.)

A interpretação desta parábola é extremamente fácil, tão precisos são os caracteres de suas personagens e os fatos a que se reportam.

O proprietário é Deus; a vinha é a religião do amor que deverá ser implantada na humanidade terrena; e os lavradores a quem a vinha foi arrendada são os sacerdotes de todas as épocas, desde os que sacrificavam animais para oferecer em holocausto nos altares do Judaísmo até os de hoje, que oficiam em suntuosos templos e catedrais. Os frutos são a piedade cristã, o progresso moral e os servos incumbidos de recebê-los são os missionários enviados por Deus à Terra, de tempo em tempo, a exemplo dos profetas da Antiguidade, Jan Hus, Savonarola, Lutero etc., os quais, por reclamá-los à casta sacerdotal, verberando-lhes a incúria no trato das coisas divinas, foram por ela perseguidos, injuriados e mortos.

O filho do proprietário é Jesus, cujo martírio ignominioso na cruz foi, também, obra exclusiva do sacerdotalismo.

A herança é o Reino dos Céus, de que o sacerdócio hierárquico pretende ter a posse, constituindo-se seu único dispensador.

Arrogando-se os poderes inerentes ao herdeiro, os sacerdotes, em vez de cultivarem a vinha, abandonaram-na, esqueceram-na; favoreceram o desenvolvimento de plantas daninhas, deixando, assim, o proprietário sem os frutos devidos.

De fato, após séculos e séculos de influência absoluta sobre as consciências, que resultado têm a apresentar ao Senhor da vinha? A indiferença religiosa, o ateísmo e toda a sorte de males decorrentes dessa estagnação espiritual.

O domínio desses lavradores maus, porém, está a findar-se.

Por toda parte, suas organizações pseudorreligiosas, dogmáticas e obscurantistas, eivadas de formalismos, cerimônias cultuais, ritos e pompas exteriores, estão em franca decadência.

Sim, os dias desses rendeiros relapsos estão contados.

Durante muito tempo, a pretexto de combater heresias e apostasias, eles torturaram, massacraram e queimaram os enviados do Senhor, que lhes vinham cobrar os frutos da vinha.

Já agora, a última parte da parábola começa a realizar-se: estão perdendo todo o prestígio que gozavam junto aos governantes e a ascendência que tinham sobre as massas populares, assistindo, apavorados, à deserção de suas igrejas; estão sendo destruídos rigorosamente, aqui, ali e acolá, sofrendo na própria carne aquilo que fizeram a outrem padecer.

Entrementes, eis que surge o Espiritismo (a falange de novos lavradores) a substituí-los na sublime tarefa de que não souberam dar boa conta.

Profligando todos os sectarismos estreitos e antifraternos, e oferecendo à Humanidade um novo lábaro, em que se lê: *Fora da caridade não há salvação*, o Espiritismo está ganhando, rapidamente, a simpatia e a adesão de todas as criaturas de boa vontade, e há realizado, em apenas alguns decênios, um extraordinário revivescimento espiritual, a par de uma obra social verdadeiramente impressionante, numa demonstração inequívoca de que os novos rendeiros saberão, de fato, cumprir os seus deveres para com o Senhor.

Quem tiver "olhos de ver", veja...

10
Parábola das bodas

Tendo ido ao templo de Jerusalém, onde foi arguido pelos príncipes dos sacerdotes e pelos fariseus, disse-lhes Jesus:

"O Reino dos Céus se assemelha a um rei que, querendo festejar as bodas de seu filho, despachou seus servos a chamar para o festim os que tinham sido convidados; estes, porém, recusaram ir.

O rei despachou outros servos com ordem de dizer da sua parte aos convidados: Preparei o meu jantar; mandei matar os meus bois e todos os meus cevados; tudo está pronto; vinde às bodas.

Eles, porém, sem se incomodarem com isso, lá se foram, um para sua casa de campo, outro para o seu negócio. Os outros pegaram dos servos e os mataram, depois de lhes haverem feito muitos ultrajes.

Sabendo disso, o rei se tomou de cólera e, mandando contra eles seus exércitos, exterminou os assassinos e lhes queimou a cidade. Depois, disse a seus servos: O festim das bodas está inteiramente preparado; mas os que para ele foram chamados não eram dignos dele. Ide, pois, às encruzilhadas e chamai para as bodas todos quantos encontrardes.

Os servos então saíram pelas ruas e trouxeram todos os que iam encontrando, bons e maus; a sala das bodas se encheu de pessoas que se puseram à mesa.

Parábolas evangélicas

Entrou em seguida o rei, para ver os que estavam à mesa, e, dando com um homem que não vestia a túnica nupcial, disse-lhe: Meu amigo, como entraste aqui sem a túnica nupcial? O homem guardou silêncio. Então, disse o rei à sua gente: Atai-lhe as mãos e os pés e lançai-o nas trevas exteriores; aí é que haverá prantos e ranger de dentes, porquanto, muitos há chamados, mas poucos escolhidos". (Mateus, 22:1 a 14.)

*

Parábolas, como sabemos, são narrações alegóricas que encerram doutrina moral.

Jesus, pedagogo emérito, recorria frequentemente a elas, já porque era a melhor maneira de interessar os seus ouvintes, já também porque sabia que é muito mais fácil assimilar e reter qualquer ensinamento quando materializado, isto é, objetivado através de um enredo, do que quando ministrado de forma subjetiva.

Na parábola em tela, o Rei é Deus, nosso Pai celestial, e o festim de bodas, é claro, simboliza o Reino dos Céus, cujo advento coube a Cristo Jesus anunciar e preparar, pela pregação de seu Evangelho.

Os primeiros convidados são os hebreus, pois a eles é que foram enviados os primeiros emissários, ou seja, os profetas, anunciando-lhes a vinda do Messias, bem assim exortando-os a que se arrependessem de seus erros e se conduzissem de forma mais condizente com as Leis divinas reveladas no monte Sinai.

A palavra desses emissários, porém, não encontrou receptividade entre os hebreus, que lhes desprezaram as advertências e exortações.

Não obstante a má vontade manifestada por eles, à semelhança da parábola, envia-lhes Deus o próprio Jesus, a fim de lhes recordar e aperfeiçoar o conteúdo daquelas Leis, cuja observância lhes daria a conhecer o estado de alegria e gozo espiritual que constitui o Reino dos Céus. Todavia, sobremaneira preocupados em conseguir vantagens puramente materiais (os hebreus aspiravam à hegemonia política do mundo), escusaram-se de novo, sendo que alguns, enervando-se com tal insistência, não só repeliram a mensagem do Cristo, como ainda o ultrajaram e o imolaram na cruz.

Continua a parábola, dizendo: "Diante disso, o rei enviou exércitos contra os assassinos, que foram exterminados, bem assim queimada a sua cidade". O que aconteceu aos hebreus, posteriormente à crucificação de Jesus, todos o sabem, corresponde exatamente a esse trecho da narrativa: foram trucidados pelos romanos, e sua capital, Jerusalém, foi quase totalmente destruída.

"Depois, mandou o rei convidar a todos quantos fossem encontrados nas encruzilhadas, bons e maus", o que significa que o Evangelho seria pregado a todos os povos, pagãos e idólatras, e que estes, acolhendo a Boa Nova, seriam admitidos ao festim em lugar dos primeiros convidados, que se mostraram indignos dele.

Não basta, porém, ser convidado; quer dizer, não é suficiente dizer-se membro desta ou daquela Igreja, para tomar parte no banquete celestial. Faz-se necessário, como condição expressa e indispensável, estar-se revestido da "túnica nupcial", isto é, possuir aquela pureza, mansuetude e bondade que caracterizam os verdadeiros cristãos.

Os hipócritas, os que se comprazem na indecência, os belicosos, os que defraudam e sacrificam seus semelhantes, os que vivem exclusivamente para si, indiferentes às dores e às aflições do próximo, estes, embora convidados a participar das bodas, serão

~ Parábolas evangélicas ~

encontrados sem as "vestes" adequadas e, pois, não poderão permanecer entre os demais, sendo lançados fora.

Eis por que disse Jesus: Chamados haverá muitos; poucos, no entanto, serão os escolhidos.

11
Parábola das dez virgens

"O Reino dos Céus é comparado a dez virgens que, tomando as suas lâmpadas, saíram ao encontro do noivo.

Cinco dentre elas eram néscias, e cinco, prudentes.

As néscias, tomando as suas lâmpadas, não levaram azeite consigo; mas as prudentes levaram azeite em suas vasilhas, juntamente com as lâmpadas.

Tardando a chegar o noivo, toscanejaram todas e adormeceram. À meia-noite ouviu-se um grito: Eis o noivo! Saiam todas ao seu encontro.

Então elas se levantaram a fim de preparar as suas lâmpadas.

E disseram as néscias às prudentes: Dai-nos do vosso azeite porque as nossas lâmpadas estão se apagando.

As prudentes, porém, responderam: Talvez não haja o bastante para nós e para vós. Ide, pois, aos que o vendem e comprai o que haveis mister.

E enquanto elas foram comprá-lo, veio o noivo; e as que estavam apercebidas entraram com ele para as bodas, e fechou-se a porta.

~ Parábolas evangélicas ~

Depois vieram as outras virgens e disseram: Senhor, Senhor, abre-nos a porta. Mas ele respondeu: Em verdade vos digo que não vos conheço.

Portanto, vigiai, porque não sabeis nem o dia, nem a hora." (Mateus, 25:1 a 13.)

*

As dez virgens, nesta parábola, simbolizam aquelas criaturas que procuram resguardar-se das corrupções do mundo.

Mas há virgens e virgens.

As cinco néscias representam os que se preocupam apenas em fugir ao pecado. Passam a vida impondo-se severa disciplina, evitando tudo aquilo que os possa macular, certos de que isto seja o bastante para assegurar-lhes um lugarzinho no Reino de Deus. Esquecem-se, todavia, de que a pureza sem o complemento da bondade é qual uma candeia mal provida, que, no meio da noite, não dá mais luz, deixando seus portadores mergulhados na mais densa escuridão.

Já as virgens prudentes retratam os que, além dos cuidados que tomam para se manterem incorruptíveis, tratam também de prover-se do azeite, isto é, das *virtudes ativas*, que se manifestam em boas obras em favor do próximo. E, com a posse do precioso combustível, que se converte em luz, garantem a iluminação de seus passos no caminho que os há de conduzir à realização espiritual, à união com o Cristo.

A chegada do noivo, como facilmente se deduz, é a era de paz, alegria e felicidade que a Terra desfrutará num futuro próximo, quando, após sofrer grandes transformações, será devidamente expurgada para tornar-se a morada de espíritos de boa vontade, que aqui implantarão uma nova civilização, verdadeiramente cristã, baseada no amor e na fraternidade universal.

A recusa das virgens prudentes em darem do seu azeite às virgens néscias significa claramente que as virtudes são intransferíveis, devendo cada qual cultivá-las com seus recursos pessoais.

É preciso, portanto, "vigiar", ou seja, trabalhar com afinco e sem esmorecimento pelo próprio aperfeiçoamento, para que mereçamos participar dessa nova fase evolutiva do orbe terráqueo.

Se descurarmos desse dever, deixando para a última hora as diligências desta ordem, ou imaginando, idiotamente, que outrem, os profissionais da religião, possam suprir nossas deficiências espirituais, sem qualquer esforço de nossa parte, sucederá que, no momento crítico, ver-nos-emos desprovidos do "azeite" de que fala a parábola, e, enquanto o formos procurar com os "mercadores", o ciclo se fechará, surpreendendo-nos de fora, o que equivale a dizer, relegados a planos inferiores, onde haverá "choro e ranger de dentes".

Então, será inútil clamar: "Senhor, Senhor, abre-nos a porta", porque o Cristo nos responderá: "Não vos conheço".

Nem poderia ser de outra forma, porquanto data de dois mil anos esta advertência evangélica: "Nem todos os que dizem: Senhor! Senhor! entrarão no Reino dos Céus; apenas entrará aquele que faz a vontade de meu Pai, que está nos céus".

12
Parábola dos talentos

Tendo subido com seus discípulos ao Monte das Oliveiras, dias antes de ser crucificado, disse-lhes o Mestre:

"O Senhor age como um homem que, tendo de fazer longa viagem fora do seu país, chamou seus servidores e lhes entregou seus bens. Depois de dar cinco talentos a um, dois a outro e um a outro, segundo a sua capacidade, partiu imediatamente.

Então, o que recebera cinco talentos foi-se, negociou com aquele dinheiro e ganhou outros cinco. O que recebera dois, da mesma sorte, ganhou outros dois; mas o que apenas recebera um cavou na terra e aí escondeu o dinheiro de seu amo.

Passado longo tempo, o senhor daqueles servos voltou e os chamou a contas.

Veio o que recebera cinco talentos e lhe apresentou outros cinco, dizendo:

— Senhor, entregaste-me cinco talentos; aqui estão, além desses, mais cinco que lucrei.

Respondeu-lhe o amo:

— Bem está, servo bom e fiel, já que foste fiel nas coisas pequenas, dar-te-ei a intendência das grandes. Entra no gozo de teu senhor.

~ Parábolas evangélicas ~

O que recebera dois talentos apresentou-se a seu turno e lhe disse:

— Senhor, entregaste-me dois talentos; aqui estão, além desses, dois outros que ganhei.

E o amo:

— Servidor bom e fiel, pois que foste fiel em pouca coisa, confiar-te-ei muitas outras. Compartilha da alegria do teu senhor.

Veio em seguida o que recebera apenas um talento e disse:

— Senhor, sei que és homem severo, que ceifas onde não semeaste e colhes de onde nada puseste, por isso, como tive medo de ti, escondi o teu talento na terra; eis, aqui tens o que é teu.

O homem, porém, lhe respondeu:

— Servidor mau e preguiçoso, se sabias que ceifo onde não semeei e que colho onde nada pus, devias pôr o meu dinheiro nas mãos dos banqueiros, a fim de que, regressando, eu retirasse com juros o que me pertence.

E prosseguiu:

— Tirem-lhe, pois, o talento que está com ele e deem-no ao que tem dez talentos, porquanto, dar-se-á a todos os que já têm e esses ficarão cumulados de bens. Quanto àquele que nada tem, tirar-se-lhe-á mesmo o que pareça ter; e seja esse servidor inútil lançado nas trevas exteriores, onde haverá prantos e ranger de dentes". (Mateus, 25:14 a 30.)

*

Tentemos a interpretação desta parábola.

Está visto que o senhor, aí, é Deus; os servos somos nós, é a Humanidade; os talentos são os bens e recursos que a Providência nos outorga para serem empregados em benefício próprio e no de nossos semelhantes; o tempo concedido para a sua movimentação é a existência terrena.

A distribuição de talentos em quantidades desiguais, ao contrário do que possa parecer, nada tem de arbitrária nem de injusta: baseia-se na *capacidade* de cada um, adquirida antes da presente encarnação, em outras jornadas evolutivas.

Os que recebem cinco talentos são espíritos já mais experimentados, mais vividos, que aqui reencarnam para missões de repercussão social; os que recebem dois são destinados a tarefas mais restritas, de âmbito familiar; e os que recebem um não têm outra responsabilidade senão a de promoverem o progresso espiritual de si mesmos, mediante a aquisição de virtudes que lhes faltam.

Nota-se, aqui, a aplicação daquele outro ensino do Mestre: "Muito será pedido a quem muito foi dado". Ao que recebeu cinco talentos foram reclamados outros cinco; ao que recebeu dois, outros dois; e ao que recebeu um, a exigência foi de apenas um.

Os servos que fizeram que os talentos se multiplicassem representam os homens que sabem cumprir a vontade de Deus, empregando bem a fortuna, a cultura, o poder, a saúde ou os dons com que foram aquinhoados.

O servo que deixou improdutivo o talento, falhando na incumbência que lhe fora cometida, simboliza os homens que perdem as oportunidades ensejadas pela Providência para o seu adiantamento espiritual, oportunidades essas que lhes chegam por meio de uma enfermidade a ser sofrida com paciência, de um grande dissabor a ser recebido sem desespero, de um filho estroina ou rebelde a ser tratado com especial atenção e carinho, de uma injustiça a ser tolerada sem revolta, de um inimigo gratuito a ser conquistado com amor, de uma deslealdade ou traição a ser suportada com largueza de ânimo, de uma condição adversa a ser superada com esforço e perseverança etc.

Nesse terceiro servo vemos posto em relevo o mau vezo de certos homens, que, para encobrirem suas faltas ou justificarem suas fraquezas, não hesitam em atribuir deméritos puramente imaginários aos outros.

"Dar-se-á aos que já têm e esses ficarão acumulados de bens", significa que todo aquele que diligencia por corresponder à confiança do Senhor receberá auxílio e proteção para que possa aumentar as virtudes que já possui.

"Ao que não tem, tirar-se-lhe-á até o que parece ter, e seja esse servidor inútil lançado nas trevas exteriores, onde haverá choro e ranger de dentes", quer dizer que aquele que não se esforçar para acrescentar alguma coisa àquilo que recebe da Misericórdia divina expiará, em futuras reencarnações de sofrimentos, a incúria, a preguiça, a má vontade de que deu provas, quando se verá privado até do pouco que teve por empréstimo.

Agora, uma advertência:

Não sabemos quando o Senhor virá chamar-nos a contas.

Poderá tardar ainda, como poderá ser hoje ou amanhã.

Estamos preparados para isso? Temos feito bom uso dos "talentos" que Ele nos confiou? De que maneira estamos empregando nosso tempo, nossa inteligência, nossas possibilidades de servir?

Faça cada qual um exame de consciência e responda, depois, a si mesmo...

13
Parábola da candeia

"Ninguém, depois de acender uma candeia, a cobre com um vaso ou a põe debaixo de uma cama; pelo contrário, coloca-a sobre um velador, a fim de que os que entrem vejam a luz. Porque nada há secreto que não haja de ser descoberto, nem nada oculto que não haja de ser conhecido e de aparecer publicamente. Vede, pois, como ouvis. A medida que usais, dessa usarão convosco, e ainda se vos acrescentará. Pois ao que tem, ser-lhe-á dado; e ao que não tem, até aquilo que tem ser-lhe-á tirado." (Marcos, 4:21 a 25; Lucas, 8:16 a 18.)

Estas palavras de Jesus: "não se deve pôr a candeia debaixo da cama, mas sobre o velador, a fim de que todos os que entrem vejam a luz", dão-nos a entender, claramente, que as Leis divinas devem ser expostas por aqueles que já tiveram a felicidade de conhecê-las, pois sem esse conhecimento paralisar-se-ia a marcha da evolução humana.

Não espalhar os preceitos cristãos, a fim de dissipar as trevas da ignorância que envolvem as almas, fora esconder egoisticamente a luz espiritual que deve beneficiar a todos.

Manda a prudência, entretanto, que se gradue a transmissão de todo e qualquer ensinamento à capacidade de assimilação daquele a quem se quer instruir, visto que uma luz intensa demais o deslumbraria, em vez de o esclarecer.

Cada ideia nova, cada progresso, tem que vir na época conveniente. Seria uma insensatez pregar elevados códigos morais a quem ainda se encontrasse em estado de selvageria, tanto quanto querer ministrar regras de álgebra a quem mal dominasse a tabuada.

Essa a razão por que Jesus, tão frequentemente, velava seus ensinos, servindo-se de figuras alegóricas, quando falava aos seus contemporâneos. Eram criaturas demasiado atrasadas para que pudessem compreender certas coisas. Já aos discípulos, em particular, explicava o sentido de muitas dessas alegorias, porque sabia estarem eles preparados para isso.

Mas, como frisa a parábola em tela, "nada há secreto que não haja de ser descoberto, nem nada oculto que não haja de ser conhecido e de aparecer publicamente". À medida que os homens vão adquirindo maior grau de desenvolvimento, procuram por si mesmos os conhecimentos que lhes faltam, no que são, aliás, auxiliados pela Providência, que se encarrega de guiá-los em suas pesquisas e lucubrações, projetando luz sobre os pontos obscuros e desconhecidos, para cuja inteligência se mostrem amadurecidos.

Os que, por se acharem mais adiantados, intelectual e moralmente, forem sendo iniciados no conhecimento das verdades superiores, e se valham delas, não para a dominação do próximo em proveito próprio, mas para edificar seus irmãos e conduzi-los na senda do aperfeiçoamento, maiores revelações irão tendo, horizontes cada vez mais amplos se lhes descortinarão à vista, pois é da lei que, "aos que já têm, ainda mais se dará".

Quanto aos que, estando de posse de umas tantas verdades, movidos por interesses rasteiros, fazem disso um mistério cujo exame proíbem, o que importa "colocar a luz debaixo da cama", nada mais se lhes acrescentará, e "até o pouco que têm lhes será tirado", para que deixem de ser egoístas e aprendam a dar de graça o que de graça hajam recebido.

~ Rodolfo Calligaris ~

A vida nos planos espirituais, questão que interessa profundamente os sistemas filosóficos e religiosos, por muitos e muitos séculos permaneceu como um enigma indevassável; chegou, porém, o momento oportuno em que deveria "aparecer publicamente", e daí o advento do Espiritismo.

Rasgaram-se, então, os véus que encobriam esse imenso universo, tão ativo e real quanto o em que respiramos, e, à luz dessa nova revelação, a sobrevivência da alma deixa de ser apenas uma hipótese ou uma esperança, para firmar-se como confortadora e esplêndida realidade.

~ 14 ~
Parábola do bom samaritano

Certa vez, estando Jesus a ensinar, "eis que se levantou um doutor da lei e lhe disse, para o experimentar:

— Mestre, que hei de fazer para alcançar a vida eterna?

Respondeu-lhe Jesus:

— Que está escrito na lei? Como é que lês?

Tornou aquele:

— Amarás o Senhor, teu Deus, de todo o teu coração, de toda a tua alma, com todas as tuas forças e de toda a tua mente; e a teu próximo como a ti mesmo.

— Respondeste bem – disse-lhe Jesus. — Faze isto, e viverás.

Mas ele, querendo justificar-se, perguntou ainda:

— E quem é o meu próximo?

Ao que Jesus tomou a palavra e disse:

— Um homem descia de Jerusalém a Jericó e caiu nas mãos de ladrões que logo o despojaram do que levava; e depois de o terem maltratado com muitas feridas, retiraram-se, deixando-o meio morto. Casualmente, descia um sacerdote pelo mesmo caminho; viu-o e passou para o outro lado. Igualmente, chegou ao lugar um levita; viu-o e também passou de largo. Mas um samaritano, que ia seu caminho, chegou perto dele e, quando o viu, se moveu à compaixão. Aproximou-se, deitou-lhe óleo e vinho nas chagas e ligou-as; em seguida, fê-lo montar em sua cavalgadura, conduziu-o a uma hospedaria e teve cuidado dele. No dia seguinte, tirou dois denários e deu-os ao hospedeiro, dizendo: Toma cuidado dele, e o que gastares a mais pagar-to-ei na volta. Qual desses três se houve como próximo daquele que caíra nas mãos dos ladrões?

Respondeu logo o doutor:

— Aquele que usou com o tal de misericórdia.

Então lhe disse Jesus:

— Pois vai, e faze tu o mesmo". (Lucas, 10:25 a 37.)

*

Qual o ensinamento que o Mestre aí nos dá?

O de que para entrarmos na posse da vida eterna não basta memorizarmos textos da Sagrada Escritura. O que é preciso, o que é essencial, para a consecução desse objetivo, é pormos em prática, é vivermos a lei de amor e de fraternidade que Ele nos veio revelar e exemplificar.

Haja vista que o seu interpelante, no episódio em tela, é um doutor em Teologia, que provou ser versado em religião, visto que repetiu de cor, sem pestanejar, palavra por palavra, o conteúdo dos dois principais mandamentos divinos.

Mas... conquanto fosse um mestre religioso e, nessa condição, conhecesse muito bem a lei e os profetas, não estava tranquilo com a própria consciência; sentia, lá no íntimo da alma, que algo ainda lhe faltava. Daí a sua pergunta: "Mestre, que hei de fazer para alcançar a vida eterna?".

Não o martirizasse uma dúvida atroz sobre se seriam suficientes os seus conhecimentos teológicos e os privilégios de sua crença para ganhar o Reino do Céu, e não se teria ele dirigido ao Mestre da forma como o fez.

Notemos agora que – e isso é de suma importância –, em sua resposta, Jesus não disse, absolutamente, que havia uma "predestinação eterna", isto é, "uma providência especial, que assegura aos *eleitos* graças eficazes para lhes fazer alcançar, *infalivelmente*, a glória eterna"; também não falou que havia uma "salvação pela graça, mediante a fé; tampouco indicou como processo salvacionista a filiação a esta ou àquela igreja; assim como não cogitou de saber qual a ideia que o outro fazia dele, se o considerava Deus ou não.

Ante a citação feita pelo doutor da lei, daqueles dois mandamentos áureos que sintetizam todos os deveres religiosos, disse-lhe apenas: "Faze isso, e viverás", o que equivale a dizer: aplica todas as tuas forças morais, intelectuais e afetivas na produção do Bem, em favor de ti mesmo e do próximo, e ganharás a vida eterna!

O tal, porém, nem sequer sabia *quem era o seu próximo!* Como, pois, poderia *amá-lo como a si mesmo*, a fim de se tornar digno do Reino?

Jesus, então, extraordinário pedagogo que era, serenamente, sem impacientar-se, conta-lhe a Parábola do bom samaritano, por meio da qual elucida o assunto, fazendo-o compreender que ser próximo de alguém é assisti-lo em suas aflições, é socorrê-lo em suas neces-sidades, sem indagar de sua crença ou nacionalidade. E após argui-lo, vendo que ele entendera a lição, conclui, apontando-lhe o caminho do céu em meia dúzia de palavras:

"— *Pois vai, e faze o mesmo!*".

Se a salvação dos homens dependesse realmente de "opiniões teológicas" ou de "sacramentos" desta ou daquela espécie, como querem fazer crer os atuais doutores da lei, não seria essa a ocasião azada, oportuna, propícia, para que Jesus o afirmasse peremptoriamente?

Mas não! Sua doutrinação é completamente diferente disso tudo: Toma um homem desprezível aos olhos dos judeus ortodoxos, tido e havido por eles como herege – *um samaritano* – e, incrível! aponta-o como "modelo", como "padrão", aos que desejem penetrar nos tabernáculos eternos!

É que aquele *renegado* sabia praticar *boas obras*, sabia *amar os seus semelhantes*, e, para Jesus, o que importa, o que vale, o que pesa não são os "credos" nem os "formalismos litúrgicos", mas os "bons sentimentos", porque são eles que modelam ideias e dinamizam ações, caracterizando os verdadeiros súditos do Reino celestial.

15
PARÁBOLA DO AMIGO IMPORTUNO

"Qualquer de vós que tenha um amigo e vá procurá-lo à meia-noite e lhe diga: empresta-me três pães, porque um amigo meu acaba de chegar a minha casa de uma viagem e nada tenho para lhe oferecer; se do interior o outro lhe responder: não me incomodes, a porta já está fechada, eu e meus filhos estamos deitados, não posso levantar-me para tos dar; se perseverar em bater, embora ele não se levante para lhos dar por ser seu amigo, ao menos por causa da importunação se levantará e lhe dará quantos pães precisar.

Portanto eu vos digo: Pedi, e dar-se-vos-á; buscai e achareis; batei e abrir-se-vos-á. Pois todo o que pede, recebe; o que busca, acha; e ao que bate, abrir-se-lhe-á.

Qual de vós é o pai que, se o filho pedir um peixe, lhe dará em vez de peixe uma serpente? Ou se pedir um ovo, lhe dará um escorpião?

Ora, se vós, sendo maus, sabeis dar boas dádivas a vossos filhos, quanto mais o vosso Pai celestial dará um bom espírito aos que lho pedirem?" (Lucas, 11:5 a 13.)

Confortadora parábola! O caráter amoroso e paternal de Deus é aí retratado por Jesus, de forma eloquente, num contraste gritante com as concepções de até então, em que a divindade mais se parecia a um déspota cruel, irritadiço, sempre disposto a castigar e a destruir.

Principia fazendo-nos compreender que, aqui mesmo na Terra, se recorrermos a um amigo quando tenhamos necessidade de um favor, haveremos de o conseguir. Pode esse amigo não nos valer imediatamente, de boa vontade, pode até relutar em atender à nossa solicitação, mas, se instarmos com ele, ainda que seja para ver-se livre de nossa importunação, acabará cedendo. Pois se desconhecidos, ou mesmo adversários, quando pedem com tato e insistência, muitas e muitas vezes são atendidos, como não o seriam aqueles que gozam da simpatia e amizade do solicitado?

Se em vez de apelarmos para um amigo, o fizermos para o nosso pai, maior ainda será a certeza do atendimento. Sim, ainda que seja um filho mau e ingrato, cometa erros sobre erros, envergonhe a família com seus desvarios, ou abandone a casa para entregar-se mais livremente às suas perversões, nem por isso o pai deixará de correr ao seu encontro, tão logo o saiba arrependido e em sofrimento, para lhe dar tudo o de que necessite, antes mesmo que ele lhe exponha sua miséria.

Ora, segundo o ensino claro e insofismável da parábola, Deus é infinitamente mais solícito para com suas criaturas do que o melhor dos amigos e o mais afeiçoado dos progenitores; assim, pois, qualquer que seja o grau de nossa imperfeição, de nossa indigência moral, se lhe dirigirmos o nosso apelo, em prece sincera e quente, quando precisados de seu auxílio, podemos estar certíssimos de que o socorro da Providência não nos faltará.

Não se suponha, entretanto, que basta pedir, seja o que for, para que Deus aceda prontamente. Não. Ele sabe, melhor do que nós, aquilo que nos convém, o que é necessário ao nosso progresso espiritual, e é em função desse interesse mais alto que atende ou deixa de atender às nossas súplicas.

Tal qual um pai sensato que recusa ao filho o que possa prejudicá-lo, ou um cirurgião que deixa o doente sofrer as dores de uma operação que lhe trará a cura, assim Deus nos deixará sofrer, sempre que o sofrimento seja de proveito para a nossa felicidade futura. O que Ele nunca deixa de conceder, quando lhe pedimos, é a coragem, a paciência e a resignação para bem suportarmos os transes mais difíceis da existência, o que já não é pouco, pois nossas dores, então, doerão menos; é o amparo e a proteção dos nossos anjos de guarda a fim de sustentar-nos as boas resoluções e preservar-nos de novas quedas, se de fato estivermos desejosos de volver ao caminho reto.

Essa parábola encerra, ainda, um solene desmentido aos que doutrinam que somente os demônios, ou Espíritos imundos, é que podem manifestar-se aos homens, no Espiritismo ou fora dele, com poderes de simular o bem para melhor seduzi-los, pervertê-los e levá-los à perdição.

Em contraposição aos que afirmam tal heresia, admitindo que Deus só permita intervenções demoníacas, vedando ao mesmo tempo toda e qualquer manifestação de entidades bondosas, numa clamorosa parcialidade em proveito do mal, aí estão as palavras do Mestre, a esclarecer-nos que se um pai é incapaz de dar uma serpente ao filho que lhe peça um peixe, Deus, nosso Pai celestial, não poderia trair nossa fé e confiança nele, dando-nos um Espírito maligno quando lhe pedimos a assistência de um Espírito bom.

~ 16 ~
PARÁBOLA DO AVARENTO

"As terras de um homem rico produziram abundantemente.

Ele, então, discorria consigo: Que hei de fazer, pois não tenho onde recolher os meus frutos? Finalmente disse: farei isto: derrubarei os meus celeiros, construirei outros maiores, e neles guardarei toda a colheita e os meus bens. E direi à minha alma: tens muitos bens em depósito para largos anos; descansa, come, bebe e regala-te.

Deus, porém, disse a esse homem: Insensato, esta noite mesmo virão demandar tua alma; e as coisas que ajuntaste, para quem serão?

Assim acontece àquele que entesoura para si, e não é rico em Deus." (Lucas, 12:16 a 21.)

*

É determinação divina que o homem deva conquistar o pão com o suor do próprio rosto. Isso equivale a dizer que, para atender às necessidades da vida física, ele é obrigado a trabalhar, pois a Natureza não lhe oferece, de mão beijada, quanto baste para saciar-lhe a fome e a sede, tampouco os recursos com que se proteger contra as intempéries.

Por essa luta pela existência, que é uma bênção (e não maldição, como alguns erroneamente supõem), o homem vai se desenvolvendo em todos os sentidos: ganha ciência, aptidão e sensibilidade, resultando daí sua evolução e o progresso do meio em que exerce suas atividades.

Infelizmente, porém, muitos se preocupam em demasia com esse problema, em detrimento das questões de ordem espiritual, deixando-se levar pela ambição, pelo desejo insaciável de acumular bens de fortuna, o que não raro se transforma em verdadeira obsessão.

A avareza, a sórdida e feroz avareza, passa a comandar-lhes as ações, sufocando todo e qualquer sentimento nobre e altruísta que se contraponha à ideia fixa de aumentar, aumentar continuamente, esses tesouros...

Esquecem-se de que, quando menos o esperarem, serão arrebatados pela morte, tendo que deixar aqui toda a fortuna que labutaram por acumular durante a vida, para que outros a desfrutem ou esbanjem a seu bel-prazer.

Se se compenetrassem dessa verdade, certamente não poriam tanto empenho em ajuntar riquezas para uma vida efêmera, cuja duração não vai além de uns poucos anos. Buscariam, antes, tornar-se *ricos em Deus*, pela prática constante da caridade, do amor ao próximo, e pelo esforço diuturno no sentido de libertar-se daquilo que mais os amesquinha e mais fortemente os agrilhoa à prisão terrestre: a cupidez, a usura, o apego às coisas materiais.

"Ajuntai para vós tesouros no Céu, onde nem a traça nem a ferrugem os consomem, e onde os ladrões não penetram nem roubam", dissera o Mestre de outra feita.

Esse tesouro são as virtudes cristãs, são as boas qualidades do coração, que devemos cultivar se quisermos de fato assegurar-nos a vida eterna nos páramos celestiais.

As obras de benemerência e os esforços que se façam para formar um caráter reto e puro constituem a grande colheita da vida.

Todo ato nosso em benefício de outrem, assim como todo cuidado em vencer nossas imperfeições, suscita um impulso para cima, equivalente a um depósito de tesouro no Céu.

Busquemos, pois, no Evangelho de nosso Senhor Jesus Cristo, a inspiração sobre como gerir os "talentos" que nos tenham sido concedidos temporariamente, lembrando-nos sempre do avarento da parábola, cuja alma, na mesma noite em que fazia planos para o "futuro", foi chamada pelo Senhor...

17
Parábola do servo vigilante

Lê-se em *Lucas*, 12:35 a 48:

"Estejam cingidos os vossos lombos e tende nas mãos tochas acesas; sede semelhantes aos servos que esperam a seu Senhor, ao voltar das bodas, para que, quando vier e bater à porta, logo lha abram.

Bem-aventurados aqueles servos a quem o Senhor achar vigiando quando vier; na verdade vos digo que ele se cingirá, e os fará sentar à mesa, e, passando por entre eles, os servirá. E se vier na segunda vigília, e se vier na terceira vigília, e assim os achar, bem-aventurados são os tais servos.

Mas sabei isto: se o pai de família soubesse a hora em que viria o ladrão, vigiaria, sem dúvida, e não deixaria minar sua casa. Vós outros, pois, estai apercebidos, porque à hora que não cuidais, virá o Filho do homem.

Disse-lhe então Pedro: Senhor, tu propões esta parábola só a nós outros ou também a todos?

E Jesus lhe disse: Quem crês que é o despenseiro fiel e prudente que o Senhor pôs sobre a família para dar a cada um a seu tempo a ração de trigo? Bem-aventurado aquele servo que, quando o Senhor vier, o achar assim obrando. Verdadeiramente vos digo que ele o constituirá administrador de tudo quanto possui.

~ Parábolas evangélicas ~

Porém, se disser o tal servo no seu coração: Meu Senhor tarda em vir, e começar a espancar os servos e as criadas, e a comer, e a beber, e a embriagar-se, virá o Senhor daquele servo no dia em que ele o não espera, e na hora em que ele não cuida, e o removerá, pondo-o à parte com os infiéis. Porque àquele servo que soube a vontade de seu Senhor, e não se apercebeu, e não obrou conforme a sua vontade, dar-se-lhe-ão muitos açoites; mas aquele que não o soube, e fez coisas dignas de castigo, levará poucos açoites. A todo aquele a quem muito foi dado, muito lhe será pedido; e ao que muito confiaram, mais conta lhe tomarão".

Este trecho do Sermão profético, proferido pelo Mestre quase ao final de sua missão entre os terrícolas, é uma exortação ao trabalho e à vigilância.

Recomenda ele nos mantenhamos firmes na execução das tarefas que nos cabe realizar, em benefício de nosso progresso espiritual e no de nossos semelhantes, pois, cristãos que pretendemos ser, estamos neste mundo na situação de despenseiros, cumprindo-nos assistir a família do Senhor – a Humanidade, conforme sejam as necessidades de cada um.

Se assim fizermos, se estivermos sempre prontos, com a cinta cingida e a candeia acesa, em condições de servir e de iluminar os que de nós se acercam, a fim de lhes ensinar o caminho que conduz a Deus, estaremos sendo bons servos, conquistaremos com isso a confiança do Senhor, e Ele nos tomará como seus prepostos, constituindo-nos administradores de seu patrimônio, o que equivale a dizer, obreiros da Providência divina.

Sabemos, pelo Evangelho, qual é "a vontade do Senhor", como Ele quer que ajamos. Aí estão, por toda a parte, os famintos, os maltrapilhos, os desajustados, precisando de nosso amparo, auxílio e proteção; os ignorantes e transviados, reclamando nosso esclarecimento, orientação e estímulo para o bem; os sofredores de todos os matizes, carecidos de nossos exemplos de fé, de esperança, de paciência e de resignação, a fim de suportarem melhor as vicissitudes terrenas.

Cumpre-nos dar boa conta dos compromissos que assumimos perante o Cristo, cuidando com dedicação e zelo daqueles que ele nos haja confiado.

Quão felizes haveremos de ser, no outro lado da vida, se a "morte" nos surpreender assim obrando!

Mas, se desprezarmos a advertência do Mestre; se, levianamente, acreditarmos que "o Senhor tarda em vir", e nos entregarmos às paixões, aos vícios, aos gozos mundanos, e, de candeia apagada, mergulharmo-nos comodamente no sono do esquecimento, deixando de fazer aquilo que nossa consciência nos aponta como deveres impostergáveis, tão inesperadamente quanto o ladrão nos assalta a residência, receberemos a visita da "ceifeira", e então...

Transferidos para as trevas exteriores, onde há choro e ranger de dentes, iremos sofrer as consequências de nossa incúria e desídia, sofrimento esse que será proporcional ao maior ou menor grau de compreensão evangélica que tivermos, pois "a quem muito foi dado, muito será pedido, e maiores contas serão tomadas a quem muito foi confiado".

Amigos e irmãos, não sabemos a que horas o Senhor nos baterá à porta, se na segunda, se na terceira vigília, o que significa: se na mocidade ou na velhice.

Portanto, estejamos apercebidos!

～ 18 ～
Parábola da figueira estéril

"Um homem tinha uma figueira plantada na sua vinha, e foi buscar fruto nela, mas não o achou.

Disse então ao que cultivava a vinha:

— Olha, faz já três anos que venho buscar fruto a esta figueira e não o acho; corta-a, pois, pelo pé; para que está ela ainda ocupando a terra?

Mas o outro, respondendo, lhe disse:

— Senhor, deixa-a ainda este ano, enquanto eu a escavo em roda e lhe lanço esterco; se com isto der fruto, bem está, e se não, virás a cortá-la depois." (Lucas, 13:6 a 9.)

Esta parábola encerra mais uma das extraordinárias alegorias com que o Mestre retrata a situação moral da Humanidade terrena e, ao mesmo tempo, adverte-a sobre a sorte que a aguarda caso não tome melhores rumos.

Há muitos e muitos séculos o Senhor da fazenda, que é Deus, vem esperando pacientemente que esta nossa infeliz Humanidade, simbolizada pela figueira, produza bons frutos, ou seja, alcance a maturidade espiritual, implantando na Terra o reinado do amor, da justiça e da lídima fraternidade.

Jesus, representado na parábola pelo abnegado e diligente vinhateiro, tem-na agraciado com sucessivas revelações, cada qual mais perfeita, visando a despertar-lhe a consciência, fazê-la compreender os seus deveres para com Deus, para consigo mesma e para com o próximo;

lamentavelmente, porém, ela não os tem levado a sério, continua presa às suas ilusões e fantasias, persiste em viver apenas para si, para a satisfação de seus gozos turvos, nada realizando no campo do altruísmo.

Como derradeira ajuda no sentido de salvá-la da esterilidade a que se abandonou, Jesus houve por bem enviar-lhe o Espiritismo para mostrar ao vivo, com o testemunho das próprias almas trespassadas, a felicidade reservada aos bons, aos que procuram ser úteis, aos que obram com misericórdia, aos justos, aos humildes, aos pacíficos e pacificadores, aos limpos de coração, aos que se consagram ao bem-estar da coletividade, e, por outro lado, os sofrimentos por que passam os infrutuosos, os vingativos, os avarentos, os depravados, os orgulhosos, os opressores, os déspotas, os fazedores de guerras, os que se dão, por interesses vis, a toda a sorte de especulações, levando as massas populares à aflição e ao desespero.

Se com isto os homens se regenerarem e aprenderem a viver em paz, vinculados pelo amor, dando cada um a contribuição de seu melhor esforço para uma nova civilização, em que desapareçam as conquistas, as sujeições de um povo a outro povo, os privilégios, os desníveis sociais etc., bem está; caso contrário, todos quantos se mostrem recalcitrantes, insensíveis ou indiferentes a esse despertamento espiritual, serão transferidos para outros planos inferiores, a fim de que não continuem ocupando lugar neste planeta, do qual se terão tornado indignos, eis que, no correr do terceiro milênio, a Terra se irá transformando em um mundo regenerador, com melhores condições físicas e morais, propiciando a seus futuros habitantes uma existência incomparavelmente mais tranquila e mais feliz.

Precatem-se, portanto, os homens e as instituições humanas!

Os tempos são chegados, e o Senhor virá, em breve, buscar os frutos esperados.

Desta vez, se não os achar, o machado entrará em ação, pondo abaixo toda galharia infrutífera.

19
Parábola dos
primeiros lugares

Tendo Jesus entrado em casa de um dos principais fariseus a fim de ali tomar sua refeição, ao notar como os convidados escolhiam os primeiros assentos à mesa, propôs-lhes uma parábola, dizendo:

"Quando fores por alguém convidado para um casamento, não te sentes no primeiro lugar, para não suceder que seja por ele convidada uma pessoa mais considerada do que tu e, vindo o que convidara a ti e a ele, te diga: dá o lugar a este; e então vás, envergonhado, ocupar o último lugar.

Em vez disso, quando fores convidado, vai tomar o último lugar, para que, quando vier o que te convidou, te diga: amigo, senta-te mais para cima; então isto será para ti uma honra diante de todos os demais convivas. Pois todo o que se exalta será humilhado; e todo o que se humilha será exaltado". (Lucas, 14:7 a 11.)

Com tal parábola, Jesus aconselha que cultivemos a humildade e o desprendimento, virtudes que, reiteradas vezes, apresentou como características essenciais do verdadeiro cristão.

Adquiri-las, entretanto, não é nada fácil, pois requer o sacrifício de nosso personalismo, e os terrícolas, salvo raras exceções, estamos vivendo ainda uma fase da evolução em que predomina o "egoísmo", ou seja, o amor exagerado a nós próprios, cada qual procurando garantir sua felicidade, *sem* preocupar-se com os outros, havendo alguns, mais atrasados, que pensam obtê-la conduzindo-se abertamente *contra* os outros.

A felicidade real e duradoura, todavia, só será conhecida pelos homens à medida que se libertem de seus pensamentos e desejos egoístas; quando vivam, não apenas para si mesmos, mas para o bem de todos, transformando-se em instrumentos conscientes das forças superiores que trabalham pela redenção da Humanidade.

"Sabeis" – dissera o Mestre de outra feita – "que os príncipes das gentes dominam os seus vassalos e que os maiores exercitam o seu poder sobre eles. Não será assim entre vós outros; pelo contrário, *o que quiser ser o maior entre vós, esse seja o que vos sirva, e o que quiser ser o primeiro, esse seja o vosso servo*, assim como o Filho do homem não veio para ser servido, mas para servir e dar a sua vida em resgate de muitos." (Mateus, 20:25 a 28.)

Espiritualmente falando, não há, pois, para os discípulos do Cristo, outro privilégio senão o de servir, e servir por amor, com dedicação e altruísmo, pois o que se faça por interesse pessoal ou por vanglória não produz nenhum resultado superior.

Servir, no sentido cristão, é esquecer de si mesmo e devotar-se amorosamente ao auxílio do próximo, sem objetivar qualquer recompensa, nem mesmo o simples reconhecimento daqueles a quem se haja beneficiado.

O Espiritismo nos mostra, por meio das vidas sucessivas, outra aplicação dessa parábola. Os que, em uma encarnação, ocupem as mais altas posições na sociedade, mas se deixam dominar pela ambição, pelo orgulho e pela vaidade, colocando-se arrogantemente acima dos outros, poderão descer, na encarnação seguinte, às mais ínfimas condições. Por outro lado, os que suportem com paciência e resignação o infortúnio de uma existência de pobreza e de humilhações, receberão, a seu tempo, a devida recompensa.

Não disputemos, pois, os lugares de destaque, nem aspiremos a ser dos primeiros entre os que rendem culto às fatuidades mundanas, nem nos afadiguemos na conquista da fortuna, para forçar o acatamento e as honras do conglomerado social a que pertencemos. Seja a nossa luta no sentido de eliminar as diferenças abismais que separam, uns dos outros, os filhos de Deus; seja o nosso ideal formar ao lado daqueles que dão o melhor de suas energias e capacidades para melhorar os homens e aperfeiçoar-lhes as instituições; e seja o nosso maior empenho aproveitarmos as muitas oportunidades que se nos apresentam, diariamente, de sermos úteis e prestativos aos nossos semelhantes.

Sobretudo, guardemo-nos de fazer alarde de nossos méritos pessoais, consideremo-nos sempre servos inúteis, atribuindo a Deus as boas coisas que possamos realizar, porquanto, "todo o que se exalta será humilhado, e todo o que se humilha será exaltado".

20
Parábola acerca da previdência

"Qual de vós, querendo edificar uma torre, não se põe primeiro a fazer conta dos gastos que são necessários, para ver se tem com que acabá-la? Com isso evita expor-se a que, depois de haver assentado os alicerces e não a podendo terminar, todos os que a virem comecem a fazer zombaria dele, dizendo: Este homem principiou o edifício, mas não o pôde concluir.

Ou que rei há que, estando para sair em campanha contra outro rei, não tome primeiro muito pensadamente as suas medidas, a ver se com dez mil homens poderia ir a encontrar-se com o que traz contra ele vinte mil?

De outra maneira, ainda quando o outro está longe, enviando sua embaixada, pede-lhe tratados de paz.

Assim, pois, qualquer de vós que não renuncie a tudo quanto possua, não pode ser meu discípulo.

O sal é bom, porém, se o sal perder a força, com que outra coisa se há de temperar? Ficará sem servir, nem para a terra, nem para o monturo, mas lançar-se-á fora.

O que tiver ouvidos de ouvir, ouça." (Lucas, 14:28 a 35.)

Esta parábola encerra uma advertência muito séria a todos quantos pretendam iniciar-se no discipulado de Jesus.

A finalidade de sua estada entre nós, e pela qual continua ainda a trabalhar, é a redenção humana, é o estabelecimento do "Reino de Deus" em cada coração.

Malgrado, porém, a sublimidade de seu ministério, sua vida terrena foi uma sucessão de acerbos sofrimentos físicos e morais. Suportou contínuas perseguições daqueles cujos interesses mesquinhos sua doutrina contrariava; recebeu insultos, açoites e flagelações; padeceu a humilhação de carregar a própria cruz em que seria pregado entre malfeitores; e, mais que isso, sofreu a incredulidade de seus parentes, que não confiavam nele; a pusilanimidade de seus seguidores, que fugiram, espavoridos, quando a oposição se fez mais furiosa; a traição de Judas; a negação de Pedro e a rejeição daquele mesmo povo que, uma semana antes, o aclamara festivamente, querendo fazê-lo seu rei!

Quem se disponha, em nossos dias, a coadjuvá-lo nesse trabalho e colocar-se a serviço do ideal cristão tem que arrostar, a seu turno, provas igualmente muito difíceis: a risota escarninha dos indiferentes, a incompreensão da família, os ataques dos que se arvoram em senhores da Religião, e, acima disso tudo, o fascínio das posses materiais e as mil e uma formas de convite para deixar o caminho árduo e estreito da honradez, da virtude, da moralidade enfim, para tomar a estrada larga e deleitosa da corrupção e dos prazeres mundanos.

Destarte, os principais requisitos a serem adquiridos por aqueles que aspiram a esse apostolado são a caridade no sentido mais amplo e a disposição de servir à Humanidade, tal qual ela é, com suas misérias e torpezas, sem se deixar envolver pelas seduções do mundo.

Achamo-nos muito longe, porém, de tal qualificação; portanto, não nos imponhamos sacrifícios superiores às nossas forças, nem assumamos compromissos que não possamos cumprir. Procuremos, antes, realizar apenas as tarefas que possamos levar a cabo com êxito. Se, superestimando nossas possibilidades, metermos ombros a missões elevadas, e falharmos, desmoralizamo-nos e desservimos o Mestre, pois nosso fracasso fará que aumente a desconfiança e o pessimismo no mundo.

"Renunciar a tudo quanto se possua", condição sem a qual não se pode ser verdadeiro discípulo de Jesus, não significa, certamente, pôr fora os nossos bens, porquanto, se assim o fizéssemos, teríamos que recorrer à ajuda de outrem; o que isso quer dizer é que não devemos ter por eles um apego tal que nos impeça de dar-lhes a justa aplicação para que nos foram confiados.

Os que se devotam à evangelização dos povos, procuram praticar o bem e se empenham em proporcionar alívio a todos os que sofrem são "o sal da terra" (Mateus, 5:13); todavia, se se deixarem contaminar pelo meio ambiente, e passarem a cuidar apenas de si mesmos e de seus interesses pessoais, assemelhar-se-ão ao sal que perde a força, tornando-se insípido e para nada mais se aproveita.

Impossível servir a dois senhores...

21
Parábola da ovelha e da dracma perdidas e do filho pródigo

I

Relata Lucas que, certa vez, entrando Jesus na casa de um dos principais fariseus para tomar refeição, achegaram-se a ele muitos publicanos e pecadores para ouvi-lo.

Em sua muita indulgência, o Mestre a ninguém repelia, o que deu ensejo a que alguns circunstantes, escandalizados, se pusessem a murmurar, dizendo: Olhem só como este homem acolhe os pecadores, e até come com eles.

Respondendo a essa crítica, Jesus pronunciou três parábolas em que salienta a solicitude de Deus para salvar os que se perdem.

Ei-las, tal como foram registadas por aquele evangelista (capítulo 15):

"Qual de vós outros é o homem que tem cem ovelhas e, se perde uma delas, não deixa as noventa e nove e vai buscar a que se havia perdido, até que a ache? E que, depois de a achar, não a põe sobre seus ombros, cheio de gosto, e, vindo a casa, chama os seus amigos e vizinhos, dizendo-lhes: Congratulai-vos comigo, porque achei a minha ovelha que se havia perdido? Digo-vos

~ Parábolas evangélicas ~

que assim haverá maior júbilo no Céu sobre um pecador que fizer penitência, que sobre noventa e nove justos que não hão mister de penitência.

Ou que mulher há que, tendo dez dracmas, e, perdendo uma, não acenda a candeia e não varra a casa, e não a busque com muito empenho, até que a ache? E que, depois de a achar, não convoque as suas amigas e vizinhas, para lhes dizer: Congratulai-vos comigo, porque achei a dracma que tinha perdido? Assim vos digo eu que haverá júbilo entre os anjos de Deus por um pecador que faz penitência.

Disse-lhes mais: Um homem teve dois filhos, e disse o mais moço deles a seu pai: Pai, dá-me a parte da fazenda que me toca. E ele repartiu entre ambos a fazenda.

Passados não muitos dias, entrouxando tudo o que era seu, partiu o filho mais moço para uma terra muito distante, país estranho, e lá dissipou toda a sua fazenda, vivendo dissolutamente.

Depois de ter consumido tudo, sucedeu haver naquele país uma grande fome, e ele começou a sentir necessidades. Retirou-se, pois, dali e acomodou-se com um dos cidadãos da tal terra. Este, porém, o mandou para os seus campos, a guardar os porcos. Aí, desejava ele encher a sua barriga de landes, das que os porcos comiam, mas ninguém lhas dava. Até que, tendo entrado em si, disse: Quantos jornaleiros há, em casa de meu pai, que têm pão em abundância, e eu aqui pereço à fome! Levantar-me-ei, irei procurar meu pai, e dir-lhe-ei: Pai, pequei contra o Céu e diante de ti; já não sou digno de ser chamado teu filho; faze de mim como de um dos teus jornaleiros.

Levantou-se, pois, e foi ao encontro de seu pai. E quando ele ainda vinha longe, viu-o seu pai, que ficou movido de compaixão, e, correndo, lançou-lhe os braços ao pescoço, para o abraçar, e o beijou.

E o filho lhe disse: Pai, pequei contra o Céu e diante de ti; já não sou digno de ser chamado teu filho.

Então disse o pai aos seus servos: Trazei depressa a sua melhor roupa, e vesti-lha, e metei-lhe um anel no dedo, e os sapatos nos pés; trazei também um vitelo bem gordo, e matai-o, para comermos e nos regalarmos, porque este meu filho era morto, e reviveu, tinha-se perdido, e achou-se. E começaram a banquetear-se.

Seu filho mais velho estava no campo, e, quando veio e foi chegando a casa, ouviu a música e as danças. Chamou um dos servos e perguntou-lhe que era aquilo. Este lhe disse: É chegado teu irmão, e teu pai mandou matar um novilho cevado, porque veio com saúde.

Ele então se indignou e não queria entrar; mas, saindo, o pai começou a rogar-lhe que entrasse, ao que lhe deu esta resposta: Há tantos anos que te sirvo, sem nunca transgredir mandamento algum teu e nunca me deste um cabrito para eu me regalar com meus amigos; mas, tanto que veio este teu filho, que gastou tudo quanto tinha com prostitutas, logo lhe mandaste matar um novilho gordo.

Então lhe disse o pai: Filho, tu sempre estás comigo, e tudo que é meu é teu; era, porém, necessário que houvesse banquete e festim, pois que este teu irmão era morto, e reviveu, tinha-se perdido, e achou-se".

Estas três parábolas, como se nota claramente, podem reduzir-se a uma só, pois sua ideia central é a mesma: a salvação de todas as almas.

Jesus previa, porém, que seus ensinamentos seriam desnaturados pelas agremiações religiosas, pressentia que iriam desfigurar completamente o caráter paternal de Deus, qual Ele no-lo veio revelar, e, por isso, deixou-nos aqui esta tríplice afirmação do seu amor e de sua misericórdia, num solene e formal desmentido às penas eternas do inferno.

II

Procuremos entender bem, num exame mais profundo, os belíssimos ensinamentos contidos em cada uma dessas três parábolas.

As cem ovelhas da primeira são o domínio universal de Deus.

Cem, número perfeito, simboliza a totalidade dos seres que compõem as humanidades espalhadas pelas inumeráveis moradas da casa do Pai.

A ovelha desgarrada somos nós, os terrícolas, espíritos rebeldes à Lei de Deus.

O pastor dessa ovelha é Jesus, o governador do planeta Terra.

Como é que os lanígeros se perdem?

Pelo apetite. Atraídos pelas ervas tenras de certas regiões, vão-se afastando cada vez mais do pastor, a ponto de não mais poderem ouvir-lhe a voz, quando, à tarde, ele os chama para o retorno ao aprisco.

Também nós outros, em nossa jornada evolutiva, temo-nos transviado pelas desordens do apetite. Deixamo-nos seduzir pelo mundanismo; andamos à cata de gozos e conquistas materiais; familiarizamo-nos com os vícios, que se degeneram em maus costumes; entregamo-nos às paixões e aos excessos de toda a ordem; movidos pela ambição, enveredamos, muitas vezes, pelos ínvios caminhos do crime; desorientamo-nos, afinal, em tão sinuoso labirinto, e, entregues ao desespero, já não atinamos como voltar para a companhia de nossos irmãos situados em melhor plano.

Assegura-nos, porém, a parábola, que não ficaremos perdidos para sempre, pois Jesus, "o bom pastor, que dá a própria vida pelas suas ovelhas" (João, 10:11), virá a nossa procura, *até que* nos encontre e nos ponha a salvo.

Não há aqui a menor sombra de dúvida. A locução conjuntiva "até que" expressa fielmente que o pegureiro que nos apascenta não descansará enquanto não alcançar o seu objetivo, isto é, enquanto não realizar sua obra de redenção.

E assim como o pastor congrega amigos e vizinhos, também ele reúne seus cooperadores e lhes diz: "Alegrai-vos comigo porque achei a minha ovelha, que se achava perdida".

Notemos que Jesus não diz: alegrai-vos com a ovelha encontrada, mas sim: "alegrai-vos *comigo*", patenteando assim toda a afeição que nos devota. Porque muito nos ama, a nossa vida, a nossa salvação é que constitui a alegria dele!

Notemos ainda que a ovelha transviada não foi tratada brutalmente, não recebeu qualquer açoite, antes foi reconduzida aos ombros, com desvelo e carinho.

Isto significa que Deus não extermina os que fracassam, os que erram e se extraviam; encontra sempre um meio de enviar-lhes o necessário socorro, pois somos criaturas *suas*, pertencemos-lhe, e, como disse sabiamente alguém: "as obras de Deus não foram feitas para morrer".

A corroboração deste raciocínio, temo-la nesta outra afirmativa do Cristo: "Eu desci do Céu, não para fazer a minha vontade, mas a vontade daquele que me enviou, e esta é a vontade daquele Pai, que me enviou: *que nenhum Eu perca de todos aqueles que Ele me deu...*". (João, 6:38 e 39.)

A Parábola da dracma dá-nos a compreender que fomos feitos à imagem e semelhança de Deus, visto que nessa moeda acha-se insculpida a efígie do rei.

Jesus, prefigurado pela dona de casa, enquanto procura a moeda que se perdeu, conduz uma lanterna acesa. Essa lanterna, ou seja, essa luz que Ele traz na mão, é o Evangelho, é a doutrina cristã, a cujo clarão todos quantos se acham envoltos nas trevas da ignorância e da iniquidade serão, afinal, encontrados.

A varredura é a representação dos trabalhos, dos sofrimentos e expiações por que temos que passar, até que nos expurguemos de todas as mazelas, de todas as imperfeições, sejamos, enfim, arrancados do pó e readquiramos o brilho característico da pureza.

Dessa tríade de parábolas, como já dissemos, ressalta um mesmo axioma inconteste: a unidade do destino, a salvação de todos, por via da lei do progresso que rege o Universo. O justo já foi pecador, o pecador há de tornar-se justo; daí o júbilo entre os anjos (justos) no Céu, por um pecador que se arrepende e se regenera.

III

Na terceira parábola com que Jesus respondeu aos murmuradores que o censuravam por conviver com gente de má fama, sobressai, em toda a sua crueza, a culpa dos pecadores, e, com esse pormenor, mais ainda se realça a infinita bondade divina.

Após receber todos os haveres que lhe couberam em partilha, o moço afasta-se de seu pai para uma terra distante, esquece-o, e, entregue a uma vida de desregramentos, afunda-se na miséria.

É o que acontece também a nós outros em relação a Deus: apartamo-nos dele, não pela distância, porque Deus está em toda a parte, mas pelo coração, e, olvidando-lhe as Leis, entregamos nossa alma a toda a sorte de desatinos, perdendo a retidão do juízo, a candura do sentimento, a sensibilidade da consciência e o discernimento justo do bem e do mal.

Vendo-se arruinado, o pródigo coloca-se, então, sob a dependência de um dos moradores da tal terra e é mandado a guardar o gado imundo. Ali, quer saciar-se com aquilo que é dado como alimento aos animais de seu amo, mas o que lhe dão deixa-o a desfalecer de fome.

O que a parábola aqui nos ensina é que as vaidades mundanas, as sensualidades grosseiras e suínas, com as quais muitos se comprazem, tal qual as cascas sem substâncias (repasto dos porcos), que só enchem e pesam, mas não alimentam, ao cabo de algum tempo conduzem fatalmente à fome de espírito e de coração, como a sentiu afinal o nosso estroina.

Nessa situação aflitiva, cai em si, recorda-se do pai e resolve voltar a penates, certo de que ele lhe há de perdoar.

Isto nos faz compreender a missão providencial da dor. Quando na terra tudo nos corre às mil maravilhas, nem sequer cogitamos se Deus existe ou deixa de existir. Visite-nos a desgraça, porém, e nossa alma, quebrantada, logo se volta para o Céu, porque só de lá nos podem vir as consolações e o refrigério de que necessitamos.

Põe-se então a caminho – continua a historieta – e "quando ainda vinha longe, viu-o seu pai". Não se contém, não espera que o filho se aproxime, que lhe fale e se humilhe. Corre-lhe ao encontro, abraça-o e beija-o enternecidamente.

"Pai" – exclama o pródigo –, "pequei contra o Céu e diante de ti; já não sou digno de ser chamado teu filho."

O pai não lhe dá tempo de acrescentar as palavras que pensava dizer: "Trata-me como um de teus jornaleiros".

Tal é o arrebatamento de seu amor paterno, que, antes mesmo que o filho lhe fizesse uma só confissão do seu passado de prevaricações, vergonhas e dores, já ele o havia acolhido com sua clemência.

E exclama aos seus servos: "Tirai-lhe esses andrajos e vesti--lhe o seu antigo traje", pois assim me apraz ver restituído o meu filho, em sua primitiva dignidade. "E enfiai-lhe um anel no dedo", símbolo de autoridade senhorial, pois fica reintegrado em seu lugar de filho e herdeiro dos bens paternos: "calçai-o", para que seus pés não se firam pelo chão; "matai um vitelo gordo, e comamos, e regozijemo-nos, porque este meu filho que me morrera, aqui o tenho de novo em meu regaço".

É exatamente assim que Deus procede conosco.

A carga de nossos erros impede-nos que nos cheguemos à sua presença, mas Ele desce até nós, acerca-se de nossas almas penitentes, toma-nos em seus braços, dá-nos o ósculo de perdão, e, todo ternura, acolhe-nos em seus domínios. Pai amantíssimo que é, "não quer a morte do filho mau e ingrato, mas sim que ele se converta, que abandone o mau caminho, e viva".

Lição mais consoladora e suave do que esta não há em todo o Evangelho.

Ninguém se perde, pois não há culpas irreparáveis!

Em nosso relativo livre-arbítrio, podemos dilapidar, na satisfação de bastardos apetites, as riquezas que nos foram concedidas pelo doador da Vida.

Virão depois, entretanto, os efeitos dolorosos, e com eles o arrependimento e a resolução de emendar-nos.

É quando Deus, que lê os nossos mais recônditos pensamentos, vem ao encontro de nosso esforço individual, e, harmonizando os ditames de sua justiça com a superabundância de sua misericórdia, enseja-nos, pelas reencarnações, os meios de reabilitar-nos, de redimir-nos e de retornarmos, infalivelmente, à glória inefável de sua companhia.

IV

Essas três parábolas, é bem de ver-se, deviam ter deixado descontentes os escribas e fariseus que exprobravam o Mestre pelo bom acolhimento que dispensava aos pecadores.

A parte final da terceira, em que é focalizado o comportamento do filho mais velho, que se recusa a entrar em casa por lá se festejar o retorno do irmão, é-lhes dedicada, e retrata com muita fidelidade a pobreza de seus sentimentos e a secura de suas almas.

Existem, ainda hoje, desses tais. São certos tipos de religiosos, dogmáticos e intransigentes, que desejam a todo transe o Céu exclusivamente para eles e se indignam à simples ideia de serem acolhidos por Deus também os profitentes de outras crenças, os quais têm na conta de hereges imundos e desprezíveis.

Não obstante se reputem muito justos e fiéis observadores dos códigos divinos, revelam-se tremendamente egoístas e descaridosos, porquanto desejariam monopolizar a herança e o convívio do Pai celestial e folgariam em ver os outros excluídos, para sempre, dessa felicidade.

Ressalta, ainda, desse episódio, uma verdade proclamada pelo Espiritismo e que a muitos tem passado despercebida: a de que não basta que nos abstenhamos do mal, nem é suficiente que cultivemos uma fé inoperante para fazermos jus às alegrias do Céu. É necessário, é condição indispensável para isso, que tenhamos desenvolvido em nós o *amor*.

Haja vista o exemplo do primogênito. Arvora-se em puritano, jacta-se de nunca haver transgredido os mandamentos, mas o seu coração é todo mesquinhez e impiedade, e, devorado por inveja torpe, não percebe que o seu despeito contra o próprio irmão o impede de compartilhar do regozijo que vai pela casa paterna.

Acompanhemos atentamente sua objurgatória e notemos quanto azedume dela ressumbra:

"Há tantos anos que te sirvo" – diz ele ao pai –, "sem nunca transgredir mandamento algum teu e nunca me deste um cabrito para eu me regalar com meus amigos; mas tanto que veio este teu filho, que gastou tudo quanto tinha com prostitutas, logo lhe mandaste matar um novilho gordo."

Essa linguagem faz lembrar a daquele fariseu que, orando no templo, ereto, cheio de soberba, exaltava os próprios méritos, considerando-se superior a todos os outros homens, cuja oração, entretanto, não foi aceita porque, ao mesmo tempo que fazia alarde de suas virtudes, se referia com desdém ao publicano, o que constitui falta de caridade, ou seja, de amor ao próximo.

E o primogênito, por que não penetrou na casa do Pai, apesar de instado para que o fizesse?

Também por lhe faltar esse sentimento, eis que não quis ver naquele pródigo o "seu" irmão, cuja volta o devia alegrar, mas apenas um dissoluto, a quem se devesse enxotar.

Termina a Parábola do filho pródigo com o primogênito "de fora"; sabemos, todavia, que a vida é eterna e que as portas do Céu jamais se fecham, permanecendo abertas para os pecadores arrependidos de todos os matizes.

Assim sendo, uns mais cedo, outros mais tarde, todos hão de "cair em si" e, desse despertar de consciência, dessa contrição sincera, resulta sempre o retorno aos braços amoráveis e ternos do Criador.

Aprendamos, pois, a lição áurea que o divino Mestre nos deixou: Deus é Pai de toda a Humanidade, sem acepção de raça, cor ou crença, e, em sua sabedoria, sabe como e quando deve agir para atrair a si cada um de nós.

Consequentemente, todos somos irmãos, e, como tal, cumpre nos unamos, nos confraternizemos e nos auxiliemos uns aos outros, alijando de nossos corações o sectarismo, a animosidade e os ciúmes.

Lembremo-nos de que a casa do Pai celestial é suficientemente ampla, e as reservas do seu amor, inexauríveis, dando, de sobejo, para agasalhar e felicitar a totalidade de seus filhos!

~ 22 ~
Parábola do mordomo infiel

"Havia um homem rico que tinha um mordomo; e este lhe foi denunciado como esbanjador dos seus bens. Chamou-o, então, e lhe disse: Que é isto que ouço dizer de ti? Dá conta da tua administração, pois não podes mais ser meu administrador.

Disse o mordomo consigo: Que hei de fazer, uma vez que meu amo me tira a administração? Não sei cultivar a terra, e de mendigar tenho vergonha. Já sei o que farei a fim de que, quando me houverem tirado a mordomia, encontre pessoas que me recebam em suas casas.

Chamou cada um dos que deviam a seu amo e perguntou ao primeiro: Quanto deves a meu amo? O devedor respondeu: cem cados de óleo. Disse-lhe então: Toma a tua obrigação, senta-te ali e escreve depressa outra de cinquenta.

Perguntou em seguida a outro: Quanto deves tu? Respondeu ele: cem cados de trigo. Disse-lhe: Toma o documento que me deste e escreve um de oitenta.

O amo, sabendo de tudo, louvou o mordomo infiel, por haver procedido com atilamento, porque os filhos do século são mais avisados no gerir seus negócios do que os filhos da luz.

E eu vos digo: Empregai as riquezas da iniquidade em granjear amigos, a fim de que, quando elas vierem a faltar-vos, eles vos recebam nos tabernáculos eternos. Aquele que é fiel nas pequenas coisas sê-lo-á também nas grandes, e quem é injusto no pouco também o é no muito. Ora, pois, se não houverdes sido fiéis no tocante às riquezas de iniquidades, quem vos confiará as verdadeiras? Se não fostes fiéis com o alheio, quem vos dará o que é vosso?" (Lucas, 16:1 a 12.)

*

Esta parábola, interpretada ao pé da letra, pode dar a entender que o Mestre esteja apontando o roubo e a fraude como exemplos de conduta dignos de serem imitados.

Considerada, porém, em seu verdadeiro sentido, *segundo o espírito que vivifica*, encerra uma profunda lição de sabedoria e de bondade que poucos hão sabido entender.

Inicialmente, identifiquemos as duas principais personagens da historieta evangélica e o local em que a ação se desenrola.

O rico proprietário é Deus, o Poder absoluto que sustenta todo o Universo; o mordomo é a Humanidade, ou seja, cada um de nós; e a fazenda é o planeta Terra, campo em que se desenvolve atualmente nossa evolução.

Os bens que nos foram dados a administrar é tudo o de que nos jactamos estultamente nesta vida: propriedades, fortuna, posição social, família e até mesmo nosso corpo físico.

Todas essas coisas nos são colocadas à disposição pelo supremo Senhor, durante algum tempo, a fim de serem movimentadas para benefício geral, mas, em realidade, não nos pertencem. A prova disso está em que sempre chega o dia em que seremos despojados delas, quer o desejemos, quer não.

Nossa infidelidade consiste em utilizarmo-nos desses recursos egoisticamente, como se fossem patrimônio nosso, dilapidando-o ao sabor de nossos caprichos, esquecidos de que não poderemos fugir à devida prestação de contas quando, pela morte, formos despedidos da mordomia.

Pois bem, já que abusamos da Providência, malbaratando os bens de que somos simples administradores, tenhamos ao menos o atilamento do mordomo de que fala a parábola.

Que fez ele? Para ter quem o favorecesse, quando demitido do cargo que desempenhava, tratou de fazer amigos, reduzindo as contas dos devedores de seu amo.

É o que Jesus nos aconselha fazer, quando diz: "granjeai amigos com as riquezas iníquas".

Em outras palavras, isto significa que os sofredores de todos os matizes são criaturas que se acham endividadas perante Deus, são pecadores que têm contas a saldar com a Justiça divina, e auxiliá-los em suas necessidades, minorar-lhes as dores e aflições, equivale a diminuir-lhes as dívidas, uma vez que, via de regra, todo sofrimento constitui resgate de débitos contraídos no passado.

Se assim agirmos, ganharemos a amizade e a gratidão desses infelizes, que se solidarizarão conosco quando deixarmos este mundo, bem assim a complacência do Pai celestial, porque muito lhe apraz ver-nos tratar o próximo com misericórdia.

Não falta, aqui na Terra, quem admire "os filhos do século" pelo fato de se empenharem a fundo, com inteligência, denodo e sacrifícios até, no sentido de assegurarem aquilo a que chamam "o seu futuro".

Quão maiores louvores, entretanto, haveriam de merecer de Deus "os filhos da luz", os já esclarecidos acerca da vida espiritual, se procedessem com igual esforço e dedicação, empregando a bondade na conquista dos planos superiores, situados além deste orbe de trevas?

Sejamos, pois, colaboradores fiéis da Divindade, gerindo os bens materiais de que dispusermos em conformidade com os ensinamentos sublimes que nos foram ditados por Jesus no Sermão da Montanha; assim fazendo, estaremos acumulando, no Céu, um tesouro verdadeiramente imperecível. Sim, porque as virtudes cristãs, que formos adquirindo no convívio com nossos semelhantes, são as únicas riquezas *efetivamente nossas*, e só elas nos poderão dar a felicidade perfeita nos tabernáculos eternos!

23
Parábola do rico e Lázaro

"Havia um homem rico que se vestia de púrpura e linho finíssimo, e se banqueteava magnificamente todos os dias.

Havia também um pobre mendigo chamado Lázaro, que jazia coberto de úlceras à porta do rico, e que bem quisera saciar-se com as migalhas que caíam da mesa deste, mas ninguém lhas dava; e os cães vinham lamber-lhe as chagas.

Ora, aconteceu que o mendigo morreu e foi transportado pelos anjos ao seio de Abraão. O rico morreu também e teve o inferno por sepultura. Quando este, dentro dos seus tormentos, levantou os olhos e ao longe viu Lázaro no seio de Abraão, disse em gritos estas palavras: Pai Abraão, tem piedade de mim e manda-me Lázaro para que, molhando na água a ponta do dedo, me refresque a língua, pois sofro tormentos nestas chamas.

Abraão, porém, lhe respondeu: Filho, lembra-te de que recebeste bens em tua vida e de que Lázaro só teve males; por isso ele agora é consolado e tu és atormentado. Demais, grande abismo existe entre nós e vós, de modo que os que querem passar daqui para lá não o podem, como também não se pode passar de lá para cá.

Replicou o rico: Pai Abraão, eu te suplico, então, que o mandes à casa de meu pai, onde tenho cinco irmãos, para lhes dar testemunho destas coisas, a fim de que eles não venham a cair neste lugar de tormentos.

Abraão lhe retrucou: Eles têm Moisés e os profetas; que os escutem.

Não, Pai Abraão – insistiu o rico –, se algum dos mortos lhes for falar, eles farão penitência.

Se não escutam nem a Moisés nem aos profetas – retorquiu Abraão –, não acreditariam do mesmo modo, ainda que algum dos mortos ressuscitasse." (Lucas, 16:19 a 31.)

Esta parábola narra a sorte de dois Espíritos após uma existência terrena, em que um escolhera a prova da riqueza, e outro a da pobreza.

O primeiro, como em geral acontece a todos os ricos, esquecido das leis de amor e fraternidade que devem presidir às relações dos homens entre si, empregou seus haveres exclusivamente na ostentação, no luxo, no comprazimento pessoal, demonstrando-se insensível e indiferente à miséria e aos sofrimentos do próximo; o segundo, faminto e doente, relegado ao mais completo abandono, suportou humildemente, sem revolta, as dores e privações que lhe martirizaram a existência.

Afinal, fazem a passagem para o outro lado da vida, onde a situação de ambos se modifica por completo.

O rico, porque vivera egoisticamente e fora desumano, deixando que um pobre enfermo passasse fome à porta de seu palácio, enquanto se regalava com opíparos jantares regados a vinhos e licores, começou a ser torturado por um profundo sentimento de culpa, enquanto Lázaro, por haver sofrido com paciência e resignação as agruras da vida misérrima que levara, gozava, agora, indizível ventura em elevado plano da Espiritualidade.

Nessa conjuntura, suplica o rico seja permitido a Lázaro ir amenizar-lhe a sede que o atormenta. Evidentemente, sede de consolação, sede de misericórdia, pois, como Espírito, não iria sentir necessidade de água material.

É-lhe esclarecido, então, o porquê de seu atual padecer e o da felicidade de Lázaro, situação essa impossível de ser modificada de pronto, em virtude do "abismo" existente entre ambos. Como facilmente se percebe, também aqui não se trata de abismo físico, mas sim moral. Havendo triunfado em sua provação, Lázaro alcançara um estado de paz interior que o mau rico não poderia experimentar, e este, em razão de seu fracasso, sentia-se angustiado e abrasado de remorsos, coisas que o outro, logicamente, não poderia sentir, pois os estados de consciência são pessoais e impermutáveis.

Lembra-se o rico, então, de pedir fosse o espírito de Lázaro enviado à presença de seus irmãos para avisá-los do que lhe sucedera, a fim de se corrigirem a tempo e evitarem iguais padecimentos pós-morte.

A negativa de Abraão, ao dizer: "Eles têm lá Moisés e os profetas: que os escutem", foi muito lógica, pois ninguém precisa de orientação particular para nortear sua conduta, quando já tenha conhecimento dos códigos morais vigentes.

O mau rico insiste, porém, no pedido em favor de seus irmãos, argumentando que, ante a manifestação de um morto, eles haveriam de penitenciar-se do personalismo egoísta que também os caracterizava.

Retruca Abraão, fazendo-o sentir a inutilidade dessa providência, pois se eles não praticavam os preceitos de solidariedade humana ensinados por Moisés e pelos profetas, cuja autoridade era reconhecida por todo o povo judeu, muito menos haveriam de ouvir e atender ao que lhes fosse dito pelo espírito de Lázaro.

Como se vê, esta parábola confirma plenamente dois pontos básicos da Doutrina Espírita:

~ Parábolas evangélicas ~

Primeiro, o de que as penas ou recompensas futuras são consequentes aos feitos de cada um, e não baseadas em questões de fé, como se diz por aí.

Segundo, o de que as comunicações de além-túmulo são possíveis, fazendo parte da crença universal desde aqueles tempos, conquanto pudesse haver, como ainda hoje os há, incrédulos sistemáticos que as neguem.

～ 24 ～
Parábola dos servos inúteis

"Disseram os apóstolos ao Senhor: Aumenta-nos a fé.

E o Senhor respondeu: Se tiverdes fé como um grão de mostarda, direis a esta amoreira: arranca-te e transplanta-te no mar, e ela vos obedecerá. Qual de vós, tendo um servo ocupado na lavoura ou guardando gado, lhe dirá, quando ele se recolher do campo: vai já pôr-te à mesa, e que, ao contrário, não lhe ordene: prepara-me a ceia, cinge-te, e serve-me enquanto eu como e bebo; depois comerás tu e beberás? E quando o servo tenha feito tudo o que lhe foi ordenado, porventura lhe fica o senhor em obrigação? Creio que não. Pois assim também vós, depois de terdes feito tudo o que vos foi mandado, dizei: Somos uns servos inúteis; fizemos apenas o que devíamos fazer." (Lucas, 17:5 a 10.)

*

Como se depreende facilmente do texto citado, ao tempo em que Jesus esteve entre nós, os operários rurais, finda sua jornada de trabalho no campo, tinham ainda outros deveres, quais sejam: preparar e servir a ceia a seus patrões, e só então é que iam cuidar de si mesmos.

Era, sem dúvida, um regime duro, inaceitável nos dias de hoje, mas, como fazia parte do contrato de emprego, nenhum trabalhador achava, nem poderia achar, que fazia mais do que a obrigação. Nem seus amos, tampouco, ficavam a dever-lhes qualquer reconhecimento por isso.

Parábolas evangélicas

O Mestre, com sua capacidade extraordinária de improvisar as mais sábias lições, aproveitando-se da paisagem que o circundava ou dos costumes da época, ao ouvir a rogativa dos apóstolos: "Senhor, aumenta-nos a fé", depois de exaltar os poderes miraculosos desta preciosa virtude, fá-los compreender que, para ser fortalecida, a fé tem que se apoiar em atos de benemerência, em devotamento ao próximo, em renúncia pessoal em benefício dos semelhantes.

Assim como a percepção de maiores rendimentos pecuniários, seja na lavoura, no comércio ou na indústria, depende da produtividade de cada um, também a fé, que é o salário da alma, só pode ser aumentada naqueles que demonstrem espírito de serviço, e se empenhem, com afinco, no campo do altruísmo e da fraternidade cristã.

Sim, porque, como disse Tiago: "a fé sem obras é morta", e o que está morto não pode crescer, não é passível de desenvolvimento. Só os organismos vivos é que possuem essa faculdade.

Aqueles que dizem: "a fé é uma só", e supõem seja ela infundida de um jato, como um favor do Céu a uns poucos privilegiados, evidentemente laboram em erro.

Ensinando, aos que partilhavam do colégio apostólico, qual o "processo" para aumentá-la, Jesus desmente tal concepção, eis que não há nada estático no Universo, e a fé, como tudo o mais, também é dinâmica, evolve e se aperfeiçoa.

Mister, entretanto, que, na prática do Bem, guardemos sempre uma atitude de sincera modéstia, alijemos de nosso coração qualquer laivo de orgulho, qualquer pretensão de superioridade. Após cada gesto de amor que tenhamos ensejo de praticar, demos graças a Deus pela oportunidade de servir que nos ofereceu, dizendo-lhe humildemente: "Somos uns servos inúteis; fizemos apenas o que devíamos fazer".

25
Parábola do juiz iníquo

Querendo Jesus ensinar a seus discípulos que deviam orar sempre e nunca desanimar, propôs-lhes a seguinte parábola:

"Havia em certa cidade um juiz, que não temia a Deus nem respeitava os homens.

Havia também naquela mesma cidade uma viúva que vinha constantemente ter com ele, dizendo: Faze-me justiça contra o meu adversário.

Ele, por algum tempo, não a queria atender, mas depois disse consigo: Se bem que eu não tema a Deus, nem respeite os homens, mas, como esta viúva me incomoda, julgarei a sua causa, para que ela não continue a molestar-me com suas visitas.

Ouvi, acrescentou o Mestre, o que disse esse juiz injusto; e não fará Deus justiça aos seus escolhidos, que a Ele clamam dia e noite, embora seja demorado a atendê-los? Digo-vos que bem depressa lhes fará justiça". (Lucas, 18:1 a 8.)

*

Conquanto diferente na forma, esta parábola se assemelha bastante, na essência, àquela outra, do Amigo importuno, registrada pelo próprio evangelista Lucas (2:5 a 13.)

Nesta, como naquela, Jesus nos exorta a confiar na Justiça divina, na certeza de que, consoante o refrão popular, ela "tarda, mas não falha".

≃ Parábolas evangélicas ≃

De fato, se mesmo homens iníquos, isto é, maldosos, perversos, insensíveis aos direitos do próximo e indiferentes à moral, como o juiz de que nos fala o texto acima, não resistem ao assédio daqueles que lhes batem à porta com insistência, e, para verem-se livres de importunações, acabam resolvendo-lhes as questões, como poderia Deus, que é a perfeição absoluta, deixar de atender aos nossos justos reclamos e solicitações?

Se, malgrado todas as deficiências e fraquezas dos que, na Terra, presidem aos serviços judiciais, as causas têm que ser solucionadas um dia, ainda que com grande demora, por que duvidar ou desesperançar das providências do Juiz celestial?

Ele, que não é indiferente sequer à sorte de um pardal, que tudo sabe, tudo pode e tanto nos ama, negligenciaria a respeito de nossos legítimos interesses, deixar-nos-ia sofrer qualquer injustiça, mínima que fosse?

Não!

Quando, pois, sintamos que o ânimo nos desfalece, por afigurar-se que os males que nos afligem sobre-excedem nossas forças, oremos e confiemos.

Deus não desampara a nenhum de seus filhos.

Se, às vezes, parece não ouvir as nossas súplicas, permitindo perdurem nossos sofrimentos, é porque, à feição do lapidário emérito, que se esmera ao extremo no aperfeiçoamento de suas gemas preciosas, também Ele, sabendo ser a dor o melhor instrumento para a lapidação de nossas almas, nos mantém sob a sua ação enérgica, mas eficiente, a fim de que sejam quebradas as estrias de nosso mau caráter, nos expunjamos de nossas mazelas e nos tornemos, o mais breve possível, dignos de ascender à sua inefável companhia.

Sim, em todos os transes difíceis da existência, oremos e confiemos.

Se o fizermos com fé, haveremos de sentir que, embora os trilhos da experiência que nos cumpre palmilhar continuem cheios de pedras e de espinhos, a oração, jorrando luz à nossa frente, nos permitirá avançar com segurança, vencendo, incólumes, os tropeços do caminho!

26
PARÁBOLA DO FARISEU
E DO PUBLICANO

"Propôs Jesus esta parábola a uns que confiavam em si mesmos, como se fossem justos, e desprezavam os outros:

Subiram dois homens ao templo para orar: um fariseu, e outro publicano.

O fariseu orava de pé, e dizia assim: Graças te dou, ó meu Deus, por não ser como os outros homens, que são ladrões, injustos e adúlteros. E não ser também como é aquele publicano. Eu, por mim, jejuo duas vezes por semana e pago o dízimo de tudo quanto possuo.

Apartado a um canto, o publicano nem sequer ousava erguer os olhos para o céu; batia no peito, e exclamava: Meu Deus, apiedai-vos de mim, sou pecador.

Digo-vos – acrescentou Jesus –, que este voltou justificado para sua casa, e o outro não, porque todo aquele que se exalta será humilhado, e todo aquele que se humilha será exaltado." (Lucas, 18:9 a 14.)

*

Para o perfeito entendimento desta parábola, faz-se mister, antes de mais nada, conhecer o que significam os termos que lhe servem de título.

≈ Parábolas evangélicas ≈

Fariseus eram os seguidores de uma das mais influentes seitas do Judaísmo. Demonstravam grande zelo pelas suas tradições teológicas, cumpriam meticulosamente as práticas exteriores do culto e das cerimônias estatuídas pelo rabinismo, dando, assim, a impressão de serem muito devotos e fiéis observadores dos princípios religiosos que defendiam. Na realidade, porém, sob esse simulacro de virtudes, ocultavam costumes dissolutos, mesquinhez, secura de coração e sobretudo muito orgulho.

Publicanos eram os arrecadadores de impostos públicos exigidos pelos romanos ao povo judeu, no exercício de cujo mister tinham oportunidade de amealhar fortuna, pelo abuso das exações.

Os judeus, que mal podiam suportar a dominação romana e não se conformavam com o pagamento de impostos, que julgavam ser contra a lei, fizeram do caso uma questão religiosa. Abominavam, pois, esses agentes do Fisco, considerando, mesmo, um comprometimento ter qualquer intimidade com eles. Em suma, eram os publicanos renegados como gente da pior espécie.

Isto posto, vamos à interpretação da parábola, propriamente.

Seu objetivo é apontar o orgulho como elemento prejudicial à salvação e, ao mesmo tempo, ressaltar quanto a humildade pode valer-nos ante a Justiça divina.

Mostra-nos, então, na atitude do fariseu, tido e havido como o tipo acabado do crente ortodoxo, até onde pode chegar a soberbia humana. Já na postura que assume – ereto, tórax saliente – patenteia seu orgulho. Ora, mas suas palavras são uma sequência de arrogância e presunção. Diz: "Senhor, eu vos agradeço"; entretanto, é a si mesmo que atribui os merecimentos de que se ufana; merecimentos que, a seu ver, o tornam criatura sem jaça, pois não lembra, sequer, de suplicar: "perdoai, Senhor, nossas dívidas". Ocorre-lhe apenas isto: "Eu não sou como os outros homens, que são ladrões, injustos e adúlteros". Não alude a "alguns homens" nem a "muitos homens", mas "aos outros homens", considerando-se, assim, o único varão perfeito à face da Terra!

Ao ver o publicano, acrescenta, com soberano desprezo: "esse aí é como todos os outros". Põe-se em seguida a exaltar os próprios méritos, as boas ações que faz, e nisso se resume a sua oração.

Já o publicano, que diferença! Aparta-se a um canto do templo, avergado, como que a sentir o peso da própria consciência. Sua humildade lhe permite uma justa apreciação de si mesmo, o reconhecimento de suas culpas e imperfeições; por isso bate no peito, contrito, e exclama: "Meu Deus, tende piedade de mim, pois sou um grande pecador!".

Pois este, e não o outro, foi quem se retirou justificado – sentenciou Jesus, finalizando a lição.

Sim, porque aos olhos de Deus não basta que nos abstenhamos do mal e nos mostremos rigorosos no cumprimento de determinadas regrinhas de bom comportamento social; acima disso, é-nos necessário reconhecer que todos somos irmãos, não nos julgarmos superiores a nossos semelhantes, por mais culpados e miseráveis que pareçam, tampouco desprezá-los, porque isso constitui, sempre, falta de caridade.

Por outro lado, a humildade sincera é o melhor agente de nossa reforma íntima, de nosso progresso espiritual. Atrai sobre nós as bênçãos divinas e a ajuda de nossos anjos guardiães, que, percebendo-nos o propósito de reprimir os males de que somos portadores, dão-nos as sugestões adequadas e o amparo preciso à colimação desse desiderato.

Saibamos, pois, aproveitar o ensino do Mestre, sendo rigorosos e intransigentes com nós mesmos, brandos e indulgentes com os outros.

27
PARÁBOLA DA SEMENTE

"O Reino de Deus é como um homem que lança a semente na terra e, enquanto está dormindo ou acordado, de noite e de dia, a semente brota e cresce sem ele saber como, porque a terra produz, por si mesma, primeiramente a erva, depois a espiga e por último o grão graúdo na espiga.

E quando o fruto amadurece, logo lhe mete a foice, porque é chegado o tempo da ceifa." (Marcos, 5:26 a 29.)

*

A terra é, realmente, algo de maravilhoso.

Semelha um imenso laboratório, em cujo recesso os elementos da Natureza passam pelos mais surpreendentes quimismos, convertendo-se em substâncias saborosas e nutritivas, de que o homem necessita para a formação e manutenção de seu corpo físico.

Basta que a semente lhe seja deitada no seio ubertoso para que, ao cabo de algum tempo, germine, cresça e frutifique.

Impelida por uma força inteligente, que escapa à compreensão humana, o germe se transforma em plântula; esta, ao mesmo tempo que deita raízes, organiza a haste com que fende a terra e vem saudar a luz. Aparece, então, aos olhos de todos, verde como a esperança; vai se desenvolvendo mais ou menos rapidamente, segundo a sua espécie, até que um dia surgem as espigas, nas quais, afinal, repontam os preciosos grãos.

Depois, é só esperar que amadureçam ao calor do sol, proceder à ceifa e recolher os frutos nos celeiros.

*

A mesma força que determina os fenômenos da germinação, desenvolvimento e frutificação das plantas fará, também, que o Reino de Deus se instale na Terra, pelo triunfo do Evangelho.

A lei de amor, síntese de todas as Leis divinas, lançada na Palestina pela palavra de Jesus, tendo caído em campo propício – o coração dos primeiros apóstolos – germinou, floresceu e produziu frutos a cem por um.

Transplantada, posteriormente, para outras regiões do planeta, continua a multiplicar-se, felicitando a um número cada vez maior de criaturas e dia virá em que essa felicidade há de cobrir a Humanidade toda.

Há quem diga, ou por desconhecer a história da civilização, ou porque tenha a visão obliterada, que os homens nunca foram tão egoístas, odientos e corruptos como na atualidade. Isso, entretanto, não é a verdade.

Antes do Cristo, este mundo conheceu gênios e sábios extraordinários, a exemplo de Alexandre Magno, Fídias, Platão, Aristóteles, Arquimedes, Pitágoras, Homero, Péricles etc., criadores de impérios e de obras-primas no campo da Arte, da Filosofia, da Ciência, da poesia ou da política; ninguém, todavia, que houvesse ensinado ao homem o respeito à vida e o amor aos semelhantes.

Na Grécia e em Roma, onde aquelas expressões intelectivas chegaram ao apogeu, o infanticídio era prática generalizada; os partos defeituosos eram atirados a esgotos escusos; os filhos de criminosos eram abandonados à própria sorte; o homem livre podia matar o seu escravo; a propriedade era coisa precária; a crueldade atingia as raias do sadismo, e os costumes, nem é bom falar...

Imperadores romanos: Tibério, Calígula, Nero e outros, intitulavam-se deuses; matavam e saqueavam, inventavam volúpias e suplícios, e ainda tinham áulicos ilustres, qual Sêneca, que os defendiam e desculpavam, pois... "estavam no seu direito, eram criaturas sagradas!".

Não é só: até o advento do Cristianismo, não havia na Terra um só hospital ou casa de caridade, nem instituição alguma de assistência aos necessitados.

Hoje, inegavelmente, ainda há muita maldade por este mundo afora, mas, ao influxo da moral cristã, quantas almas já se elevaram à santidade, quantas obras notáveis se ergueram, de amparo e socorro aos infelizes, quantos corações generosos e bem formados se abrem à piedade, solidários com as dores e aflições do próximo!

Malgrado, pois, as aparências em contrário, caminhamos para um futuro melhor, em que a Paz e a Justiça, frutos abençoados do Amor, permanecerão na Terra, para sempre.

Graças a Deus!

PARÁBOLAS EVANGÉLICAS

EDIÇÃO	IMPRESSÃO	ANO	TIRAGEM	FORMATO
1	1	1963	5.000	13x18
2	1	1969	5.000	13x18
3	1	1983	5.000	13x18
4	1	1987	10.000	13x18
5	1	1991	10.000	13x18
6	1	1995	5.000	13x18
7	1	1998	4.000	13x18
8	1	2004	1.000	13x18
9	1	2006	1.000	13x18
10	1	2007	4.000	13x18
11	1	2010	3.000	14x21
11	2	2011	2.000	14x21
11	3	2013	1.000	14x21
11	4	2014	1.000	14x21
11	5	2016	2.000	14x21
11	6	2019	600	14x21
11	7	2022	120	14x21
11	IPT*	2022	400	14x21
11	IPT	2023	100	14x21
11	IPT	2023	100	14x21
11	IPT	2024	160	14x21
11	IPT	2025	140	14x21

*Impressão pequenas tiragens

O LIVRO ESPÍRITA

Cada livro edificante é porta libertadora.

O livro espírita, entretanto, emancipa a alma nos fundamentos da vida.

O livro científico livra da incultura; o livro espírita livra da crueldade, para que os louros intelectuais não se desregrem na delinquência.

O livro filosófico livra do preconceito; o livro espírita livra da divagação delirante, a fim de que a elucidação não se converta em palavras inúteis.

O livro piedoso livra do desespero; o livro espírita livra da superstição, para que a fé não se abastarde em fanatismo.

O livro jurídico livra da injustiça; o livro espírita livra da parcialidade, a fim de que o direito não se faça instrumento da opressão.

O livro técnico livra da insipiência; o livro espírita livra da vaidade, para que a especialização não seja manejada em prejuízo dos outros.

O livro de agricultura livra do primitivismo; o livro espírita livra da ambição desvairada, a fim de que o trabalho da gleba não se envileça.

O livro de regras sociais livra da rudeza de trato; o livro espírita livra da irresponsabilidade que, muitas vezes, transfigura o lar em atormentado reduto de sofrimento.

O livro de consolo livra da aflição; o livro espírita livra do êxtase inerte, para que o reconforto não se acomode em preguiça.

O livro de informações livra do atraso; o livro espírita livra do tempo perdido, a fim de que a hora vazia não nos arraste à queda em dívidas escabrosas.

Amparemos o livro respeitável, que é luz de hoje; no entanto, auxiliemos e divulguemos, quanto nos seja possível, o livro espírita, que é luz de hoje, amanhã e sempre.

O livro nobre livra da ignorância, mas o livro espírita livra da ignorância e livra do mal.

EMMANUEL[1]

---

[1] Página recebida pelo médium Francisco Cândido Xavier, em reunião pública da Comunhão Espírita Cristã, na noite de 25 de fevereiro de 1963, em Uberaba (MG), e transcrita em *Reformador*, abr. 1963, p. 9.

O EVANGELHO NO LAR

Quando o ensinamento do Mestre vibra entre quatro paredes de um templo doméstico, os pequeninos sacrifícios tecem a felicidade comum.[1]

Quando entendemos a importância do estudo do Evangelho de Jesus, como diretriz ao aprimoramento moral, compreendemos que o primeiro local para esse estudo e vivência de seus ensinos é o próprio lar.

É no reduto doméstico, assim como fazia Jesus, no lar que o acolhia, a casa de Pedro, que as primeiras lições do Evangelho devem ser lidas, sentidas e vivenciadas.

O espírita compreende que sua missão no mundo principia no reduto doméstico, em sua casa, por meio do estudo do Evangelho de Jesus no Lar.

Então, como fazer?

Converse com todos que residem com você sobre a importância desse estudo, para que, em família, possam compreender melhor os ensinamentos cristãos, a partir de um momento de união fraterna, que se desenvolverá de maneira harmônica e respeitosa. Explique que as reflexões conjuntas acerca do Evangelho permitirão manter o ambiente da casa espiritualmente saneado, por meio de sentimentos e pensamentos elevados, favorecendo a presença e a influência de Mensageiros do Bem; explique, também, que esse momento facilitará, em sua residência, a recepção do amparo espiritual, já que auxilia na manutenção de elevado padrão vibratório no ambiente e em cada um que ali vive.

Convide sua família, quem mora com você, para participar. Se mora sozinho, defina para você esse momento precioso de estudo e reflexões. Lembre-se de que, espiritualmente, sempre estamos acompanhados.

Escolha, na semana, um dia e horário em que todos possam estar presentes.

O tempo médio para a realização do Evangelho no Lar costuma ser de trinta minutos.

---

[1] XAVIER, Francisco Cândido. *Luz no lar*. Por Espíritos diversos. 12. ed. 7. imp. Brasília: FEB, 2018. Cap. 1.

As crianças são bem-vindas e, se houver visitantes em casa, eles também podem ser convidados a participar. Se não forem espíritas, apenas explique a eles a finalidade e importância daquele momento.

O seguinte roteiro pode ser utilizado como sugestão:

1. Preparação: leitura de mensagem breve, sem comentários;
2. Início: prece simples e espontânea;
3. Leitura: *O evangelho segundo o espiritismo* (um ou dois itens, por estudo, desde o prefácio);
4. Comentários: breves, com a participação dos presentes, evidenciando o ensino moral aplicado às situações do dia a dia;
5. Vibrações: pela fraternidade, paz e pelo equilíbrio entre os povos; pelos governantes; pela vivência do Evangelho de Jesus em todos os lares; pelo próprio lar...
6. Pedidos: por amigos, parentes, pessoas que estão necessitando de ajuda...
7. Encerramento: prece simples, sincera, agradecendo a Deus, a Jesus, aos amigos espirituais.

As seguintes obras podem ser utilizadas nesse momento tão especial:

- *O evangelho segundo o espiritismo*, como obra básica;
- *Caminho, verdade e vida; Pão nosso; Vinha de luz; Fonte viva; Agenda cristã.*

Esse momento no lar não se trata de reunião mediúnica e, portanto, qualquer ideia advinda pela via da intuição deve permanecer como comentário geral, a ser dito de maneira simples, no momento oportuno.

No estudo do Evangelho de Jesus no Lar, a fé e a perseverança são diretrizes ao aprimoramento moral de todos os envolvidos.

FEB editora
Livro espírita para um novo mundo
www.febeditora.com.br
@febeditoraoficial
@febeditora

Conselho Editorial:
Carlos Roberto Campetti
Cirne Ferreira de Araújo
Evandro Noleto Bezerra
Geraldo Campetti Sobrinho – Coord. Editorial
Jorge Godinho Barreto Nery – Presidente
Maria de Lourdes Pereira de Oliveira
Miriam Lúcia Herrera Masotti Dusi

Produção Editorial:
Elizabete de Jesus Moreira

Revisão:
Elizabete de Jesus Moreira

Capa:
Wallace Carvalho da Silva

Projeto gráfico e diagramação:
Luisa Jannuzzi Fonseca

Foto de capa:
iStockphoto / mammuth

Normalização técnica
Biblioteca de Obras Raras e Documentos Patrimoniais do Livro

Esta edição foi impressa no sistema de Impressão pequenas tiragens, em formato fechado de 140x210 mm e com mancha de 105x173 mm. Os papéis utilizados foram o Off white 80 g/m² para o miolo e o Cartão 250 g/m² para a capa. O texto principal foi composto em fonte Adobe Garamond Pro 12/14 e os títulos em Adobe Garamond Pro 20/22. Impresso no Brasil. *Presita en Brazilo.*